Fidel Castro y la Revolución

Fidel Castro y la Revolución

Alberto Prieto Rozos

New York • Oakland • London

Seven Stories Press/Ocean Sur
140 Watts Street
New York, NY 10013
www.sevenstories.com

ISBN: 978-1-925317-28-2

156241387

Índice

Prólogo

Hace más de setenta años que matriculó en la Facultad de Derecho de la Universidad de La Habana un joven que cambió la historia de Cuba: Fidel Castro Ruz. Fue precisamente en la Casa de Altos Estudios de la capital cubana donde se hizo revolucionario, en una época de «tendencias políticas en pugna, cuyas diferencias terminaban en apasionadas controversias o con disparos de armas de fuego».

A inicios de la década de 1950, Fidel lideró los jóvenes de la llamada Generación del Centenario del Apóstol quienes decidieron enfrentar a la dictadura de Fulgencio Batista y desarrollar un movimiento de liberación nacional y revolución social. La Isla llevaba medio siglo sometida a la injerencia de Estados Unidos en sus asuntos internos y externos. Cuba no era independiente ni soberana.

La mayoría de la población cubana vivía en la pobreza. De algo más de 6 millones de habitantes, 3 500 000 vivían en cabañas y barracones, sin las menores condiciones de habitabilidad; más de 600 000 cubanos con aptitudes para el trabajo no tenían empleo; 3 millones de personas no disfrutaban de luz eléctrica; 37,5% de la población no sabía leer ni escribir; el 70% de la población infantil rural no tenía maestros y el 95% estaba afectada de parasitismo; la mortalidad infantil, por tanto, era muy alta y el promedio de vida era muy bajo.

Para comprender la historia de rebeldía de la mayor de las Antillas en la lucha por su verdadera independencia, basta con adentrarse en las páginas del excelente ensayo que nos regala en esta ocasión el Doctor en Ciencias Alberto Prieto Rozos. En *Fidel Castro y la Revolución* el lector podrá aprender y reflexionar sobre las causas que influyeron en la formación política de la personalidad más trascendente del siglo XX en América Latina y el Caribe.

Otro de los grandes hombres del siglo XX, Ernesto Che Guevara, con magistral acierto definió por qué Fidel es Fidel:

> Y si nosotros estamos hoy aquí y la Revolución Cubana está aquí, es sencillamente porque Fidel entró primero en el Moncada, porque bajó primero del *Granma*, porque estuvo primero en la Sierra, porque fue a Playa Girón en un tanque, porque cuando había una inundación fue allá y hubo hasta pelea porque no lo dejaban entrar [...], porque tiene como nadie en Cuba, la cualidad de tener todas las autoridades morales posibles para pedir cualquier sacrificio en nombre de la Revolución.

Impresiona también el análisis del autor, quien en apretada síntesis logra resumir extraordinariamente los méritos del líder histórico de la Revolución Cubana y de la generación que lo ha acompañado en cada victoria. Como muy bien nos dice, Fidel logró «el extraordinario éxito político de metamorfosear la rebeldía en revolución y hacerla inderrotable, al contar con las armas, la unidad y el pueblo. Fidel también dio a la revolución un contenido ideológico, al proclamar el socialismo en abril de 1961».

Este apasionante ensayo de la historiografía contemporánea —redactado con un lenguaje preciso— nos brinda suficiente información y juicio de valor para comprender el pasado y presente de la Revolución Cubana, en un contexto caracterizado por la actualización del modelo socialista cubano y el proceso de normalización de las relaciones entre Cuba y Estados Unidos.

Seis semanas después de los anuncios del 17 de diciembre de 2014, Fidel, con la experiencia de haber lidiado con 10 gobiernos norteamericanos —6 republicanos y 4 demócratas—, señaló: «No confío en la política de los Estados Unidos». Luego de la visita del presidente norteamericano Barack Obama a Cuba en marzo de 2016, que invitó a olvidar la historia, Fidel publicó un nuevo artículo, titulado «El hermano Obama», que tuvo gran impacto en Cuba y el mundo. Dejó bien clara la posición de todos los cubanos: «No necesitamos que el imperio nos regale nada».

Sin dudas vivimos un cambio de época, en el cual se hace imprescindible el estudio de la historia y el pensamiento de los líderes históricos de la Revolución Cubana: Fidel y Raúl. De ahí el oportuno ensayo del Doctor en Ciencias Alberto Prieto Rozos, quien ha mantenido vivo el espíritu revolucionario y fidelista desde las aulas de la Universidad de La Habana, para homenajear a Fidel Castro en su 90 cumpleaños y a la Revolución.

Dr.C. Abel Enrique González Santamaría
La Habana, abril de 2016.

Formación política de Fidel

Fidel Castro se hizo revolucionario en la Universidad de La Habana. Este alto centro docente fundado en 1728 tenía fuertes tradiciones de lucha política, cuyo ejemplo más dramático era el fusilamiento de ocho estudiantes de Medicina que protestaban contra el régimen colonial español en el siglo XIX. En 1945, al ingresar Fidel a la Facultad de Derecho, la Universidad era un volcán de tendencias políticas en pugna, cuyas diferencias terminaban en apasionadas controversias o con disparos de armas de fuego. Se enfrentaban por controlar la poderosa e influyente Federación Estudiantil Universitaria (FEU), creada hacía dos décadas por Julio Antonio Mella.

Con dicha asociación estudiantil, Mella pretendía implementar la Reforma Universitaria.[1] Pero comprendió que más importante era revolucionar la neocolonial[2] República liberal instituida en Cuba, luego de cuatro años (1898-1902) de ocupación por el ejército de Estados Unidos.[3] Entonces el carismático joven se relacionó con veteranos del Partido Revolucionario fundado por José Martí,[4] para forjar el Partido Comunista. En 1926, la tiranía de Gerardo Machado[5] lo llevó a exiliarse en México, y de allí viajó al Congreso Antiimperialista celebrado en Bruselas. Este cónclave hizo suyas las tesis expuestas por Lenin[6] en el Segundo Congreso de la Tercera Internacional,[7] las cuales integraban un admirable esquema político que brindaba a los movimientos revolucionarios de los países oprimidos la posibilidad de enfocar con sagacidad táctica sus relaciones con las distintas fuerzas progresistas de cada país. Mella propugnó entonces la formación de un frente con un programa democrático de proyección nacional liberadora. Este debería agrupar a todas las fuerzas y tendencias revolucionarias, progresistas y antidictatoriales, como única opción para alcanzar la emancipación y promover las condiciones hacia el socialismo. Deseaba que en dicho movimiento los diversos componentes preservaran su identidad, y que el Partido Comunista no exigiera como condición previa la hegemonía para el proletariado. En su opinión, dicha fuerza debía conquistar en la lucha su condición de vanguardia.

Con esos criterios, Mella acometió los trabajos preparatorios para organizar una expedición armada que liberase a Cuba de la tiranía. En esos trajines, de nuevo en México, fue hasta Veracruz con el propósito de indagar sobre la posible navegación hacia las costas cubanas. Y también participaba de manera activa en el Comité Manos Fuera de Nicaragua,[8] el cual apoyaba intensamente la lucha de Augusto César Sandino contra el ejército de ocupación de Estados Unidos en ese país. Pero Sandino y Mella no llegaron a reunirse; el extraordinario joven cubano cayó asesinado en las calles de Ciudad México el 10 de enero de 1929. Sus últimas palabras fueron: «Muero por la revolución».

Augusto César Sandino regresó a Nicaragua en junio de 1926, al tener noticias de un movimiento de rebeldía constitucionalista contra un golpe de Estado conservador en esa República. Pretendía formar una vanguardia que lo respaldara en su enfrentamiento armado contra el indeseado régimen impuesto. Así, dentro del constitucionalismo nicaragüense surgieron dos tendencias: la de los liberales, que deseaban regresar al poder para enriquecerse, y la de los demócratas y revolucionarios, deseosos de transformar la sociedad. Esta última corriente, encabezada por Sandino, la integraban minifundistas, campesinos expropiados durante la previa ocupación del país por Estados Unidos (1912-1925),[9] trabajadores de las plantaciones de banano y de los aserríos del litoral caribeño, así como obreros de las minas, que representaban el núcleo más coherente y concientizado del incipiente proletariado.

En diciembre de 1926 —al ver en peligro al gobierno conservador golpista—, Estados Unidos invadió Nicaragua para mediar entre los contendientes. Pero no pudieron desarmar a las fuerzas de Sandino, quien denunció el pacto firmado con los norteamericanos por liberales y conservadores y organizó de forma autónoma sus efectivos. Surgió así el Ejército Defensor de la Soberanía Nacional de Nicaragua (EDSN), que al poco tiempo unificó sus acciones con el Partido de los Trabajadores y con el Laborista, al cual se afiliaba la pequeña burguesía. Sandino daba la bienvenida a dichos aliados, porque se oponían al intervencionismo y a cuanto menoscabara la soberanía del país.

En ese contexto, el Partido Comunista de Centroamérica envió a Farabundo Martí para combatir en el EDSN contra las tropas estadounidenses de ocupación. Farabundo tenía experiencia militar por haber peleado en los Batallones Rojos durante la Revolución Mexicana. En Nicaragua, dicho revolucionario salvadoreño alcanzó el grado de coronel y se convirtió en el secretario personal de Sandino. En julio de 1929, ambos revolucionarios —en compañía de otros miembros del estado mayor insurrecto— se desplazaron hasta México con el objetivo de mejorar el apoyo que el Comité Manos Fuera de Nicaragua le brindaba a su guerrear. Pero durante su estancia en la República Mexicana, entre los dos centroamericanos surgieron graves diferencias políticas; como dirigente comunista, el disciplinado

Farabundo debía someterse al brusco giro realizado en 1928 por el VI Congreso de la Tercera Internacional. Sus nuevas directrices orientaban desarrollar cualquier lucha según la táctica de «clase contra clase» y a la vez «bolchevizar los partidos», para tomar el poder y constituir «soviets de obreros, campesinos y soldados». Dicha sectaria concepción descartaba cualquier otra fuerza política, lo cual no era aceptable para Sandino.

El martes 29 de Octubre de 1929 se inició un cuatrienio de profundísima crisis cíclica mundial del capitalismo, cuyas manifestaciones más agudas tuvieron lugar a fines de 1932 y principios de 1933. En consecuencia, el comercio internacional se redujo en una cuarta parte de su previo volumen físico y los precios de lo que realmente se negociaba cayó en un 30% con respecto a los anteriores; en total, el valor del tráfico mercantil mermó en más del 50% en relación con sus niveles precedentes.

En El Salvador, en medio de la enorme parálisis económica se realizaron las elecciones presidenciales de 1931, ganadas por el candidato del Partido Laborista, que esgrimía un avanzado programa reformista y legalizó al Partido Comunista. Pero esta organización política rechazó cualquier entendimiento con el nuevo gobierno, lo cual facilitó que las fuerzas armadas lo depusieran de su cargo a finales de ese mismo año. Los comunistas se orientaron hacia la insurrección, que empezó el 22 de enero de 1932, muy fuerte sobre todo en Occidente. En dicha región, a lo largo de varios días se crearon «soviets» —de obreros y campesinos— en distintos poblados, lo cual empavoreció a la pequeña burguesía —fuese urbana o rural—, y a no pocos campesinos, incluso pobres. Parecía transitarse hacia la revolución socialista de forma inmediata, aunque el proletariado salvadoreño fuese abrumadoramente minoritario. Desvinculados de cualquier otra fuerza, los rebeldes fueron aniquilados por el ejército y la aviación, que masacraron a más de 30 000 personas en una semana. Poco antes de ser fusilado, el 1ro. de febrero, Farabundo expresó: «En estos momentos que estoy a dos pasos de la muerte, quiero declarar categóricamente, que creo en Sandino».

En Nicaragua la pavorosa crisis cíclica ayudó a Sandino a revitalizar la lucha armada; hacia noviembre de 1930 los efectivos revolucionarios avanzaron sobre el departamento de León, y a mediados del año siguiente solo la región capitalina de Managua estaba fuera de la acción directa de los contingentes insurrectos. En julio derribaron un avión de los invasores que los bombardeaba y el 31 de diciembre aniquilaron todo un destacamento estadounidense, lo cual sacudió la opinión pública de ese país. Frente a esa derrota, el Secretario de Estado norteamericano se vio obligado a anunciar que las tropas intervencionistas serían retiradas antes de que finalizara el año 1932. Entonces Sandino declaró: «Nuestro Ejército se prepara a tomar las riendas de nuestro poder nacional, para entonces proceder a la organización de grandes cooperativas de obreros y campesinos nicaragüenses, quienes explotarán nuestras propias riquezas en provecho de la familia nicaragüense en general». Pero Sandino aceptó que los ocupantes realizaran elecciones generales con figuras poco mancilladas, y estructurasen una Guardia Nacional —comandada por Anastasio Somoza— que sustituyera a los soldados estadounidenses de ocupación. Luego esas autoridades conciliatorias instituidas enviaron una «misión de paz», que acordó con el jefe insurrecto un convenio pacificador: se produciría el desarme total del Ejército Defensor de la Soberanía Nacional, a cambio de cumplir sus cuatro condiciones mínimas para el cese de la lucha. Y Sandino desmovilizó su EDSN, sin organizar movimiento político alguno para sustituirlo. Esto facilitó su vil asesinato y el establecimiento del «somocismo».[10]

Cuba sufrió la mayor secuela de la crisis de 1929-1933 en América Latina. A medida que sus consecuencias avanzaban, el Partido Comunista se esforzaba por organizar a las masas explotadas, y llevarlas a la lucha. En ese contexto, Antonio Guiteras, joven dirigente revolucionario, se vinculó en 1931 con viejos caudillos «nacionalistas», pues compartían el criterio de que la forma de alcanzar el poder era mediante la lucha armada. En específico, el grupo al cual Guiteras pertenecía proyectaba asaltar el Cuartel Moncada en Santiago de Cuba, capital de la provincia de Oriente. Pero descubierta la conspiración, intentaron alzarse en agosto del propio año y fueron encarcelados. Mientras, bajo la dirección del Partido Comunista, se constituyó el Sindicato Nacional de Obreros de la Industria Azucarera, en diciembre de 1932. Este aglutinó al mayor contingente proletario de la República, y con esa fuerza estructurada, al comenzar la zafra de 1933 desató un importante movimiento huelguístico. Sus repercusiones más intensas se produjeron en la provincia de Las Villas —donde se llegaron a sostener encuentros armados con la guardia rural por la zona de Nazabal— y en la oriental región de Manzanillo, en la cual se hallaban los centrales Mabay, Niquero, Isabel (Media Luna), Romelia y Esperanza. Estos éxitos permitieron que al final de la zafra, el Partido Comunista llamara a la revolución bajo la hegemonía del proletariado mediante el surgimiento de un «gobierno soviético (de obreros, campesinos y soldados)».

En esos momentos Guiteras, ya fuera de la prisión, había roto con los vacilantes caudillos «nacionalistas» y avanzaba en sus proyectos insurreccionales, cuyo centro estaría en Oriente. Él se encontraba en conexión con el Directorio Estudiantil

Universitario, que nucleaba a la porción más radical y revolucionaria de la pequeña burguesía urbana. Guiteras organizó grupos de acción en El Caney, Santiago de Cuba, Holguín, Victoria de las Tunas, Bayamo, Manzanillo, así como en otras ciudades, y llegó a tener éxito en la toma de alguna, como San Luis, donde el pueblo se sumó a sus empeños. Pero en general, el alzamiento del 29 de abril de 1933 fracasó. Fue en esas circunstancias que los trabajadores de los ómnibus urbanos tomaron la iniciativa en la lucha antimachadista, al declararse en huelga el 5 de julio. Después vino la avalancha. A los doce días cerró el comercio de La Habana, Santiago de Cuba y demás ciudades; los comerciantes, unidos a grupos industriales, efectuaron una concentración en la capital para esgrimir un pedido de amnistía fiscal junto con otras reivindicaciones. El 19 de julio, los maestros se manifestaron en toda la República contra la rebaja de sueldos y el atraso en sus pagos. Siguieron protestas de empleados públicos y huelgas locales, así como demostraciones de obreros, estudiantes y hasta de veteranos de la Guerra de Independencia. Se avizoraba una situación revolucionaria, cuya posibilidad objetiva radicaba en la explosiva conjunción de la violenta crisis económica, con la prolongada opresión política. Las potencialidades subjetivas se desprendían del alto grado de politización de las clases populares, especialmente urbanas —proletariado y pequeña burguesía—, en las cuales los sentimientos antiinjerencistas, antiimperialistas y nacional-liberadores habían cobrado enorme fuerza junto a la creciente conciencia de que la fuente de sus miserias materiales provenía, sobre todo, de la explotación sufrida a manos de los monopolios estadounidenses. De ese modo la sociedad cubana se encontraba madura para la explosión revolucionaria.

La huelga política general de todo el pueblo, encabezada por la clase obrera bajo la conducción del luchador comunista Rubén Martínez Villena, paralizó al país a partir del domingo 6 de agosto de 1933. Al día siguiente tuvo lugar la más grande masacre del machadato; las masas se habían adueñado de las calles y se dirigían al Congreso, cuando la policía atacó de manera salvaje a la muchedumbre. Hubo dieciocho muertos y casi cien heridos. La matanza, sin embargo, enardeció los ánimos en vez de amilanarlos, y repercutió hasta en los más recónditos lugares de la República. Guiteras, por su parte, preparaba en Oriente el asalto al cuartel de Bayamo, como inicio de un proceso insurreccional en esa provincia. Pero el día 11 algunos batallones del ejército se rebelaron para distanciarse del presidente, cuyo régimen se desmoronaba; el 12 de agosto de 1933 Gerardo Machado renunció, y huyó al extranjero. Las masas se lanzaron entonces por toda la Isla a hacer justicia por su cuenta. Durante tres días se mantuvo la impresionante e incontrolable situación.

El derrocamiento de la tiranía obligó a la nueva jefatura militar a destituir mandos, rebajar de servicio, retirar o expulsar e incluso detener y enjuiciar a decenas de oficiales, notorios por sus faenas criminales durante la dictadura. Por supuesto, la depuración quebrantó la disciplina y autoridad antes existentes en las Fuerzas Armadas; a partir de ese momento afloraron múltiples contradicciones entre la oficialidad y la tropa acaudillada por los sargentos. El Estado oligárquico y el poder político del imperialismo se debilitaron. Sobrevino un período de dispersión de las fuerzas más reaccionarias, y un dominio de la escena pública por parte de las clases populares. El efímero Gobierno Provisional, hechura grotesca de los imperialistas, era la estampa absoluta del desprestigio. En esas circunstancias, el Directorio Estudiantil Universitario (DEU) representaba el movimiento político capaz de nuclear a los sectores de la población, ajenos a la oligarquía y al Partido Comunista. En la dirigencia del DEU se producía una evolución hacia posiciones de izquierda, cuyo Programa Estudiantil también correspondía al mínimo exigido por las fuerzas proclives al nacionalismo. En resumen, esa organización esgrimía un moderado proyecto transformador, con matices antiimperialista y democrático, aunque burgués. Este podía representar una apertura, susceptible de ser apoyada por los revolucionarios consecuentes, siempre que estos explicaran al pueblo sus limitaciones.

La crisis política originada en el machadato tuvo un desfogue a medias en los sucesos del 12 de agosto y días inmediatos posteriores. Nadie estaba satisfecho y mucho menos la clase obrera y las masas pequeñoburguesas de las ciudades, que formaban las fuerzas sociales más politizadas y dispuestas a la acción en el país. Además, el desajuste económico era espantoso. Los campesinos pobres y medios —e incluso no pocos ricos— se debatían en la miseria o en la ruina; la débil e irrelevante burguesía nacional vivía al borde de la bancarrota; hasta los sectores menos enriquecidos de la burguesía agroexportadora habían perdido parte de sus propiedades, o pendía sobre ellos el azote de las hipotecas vencidas. En síntesis, resultaba imposible para los grupos dominantes mantener inmutable su hegemonía. Los humildes y explotados padecían una agravación, fuera de lo común, de su miseria y sufrimientos. La actividad de las masas se intensificaba de manera considerable. Se había creado, en fin, una situación revolucionaria; ni los de abajo querían, ni los de arriba podían, seguir viviendo como hasta entonces.

La insubordinación de los alistados, el 4 de septiembre de 1933, fue una expresión neta del movimiento de masas, que profundizaba su influjo y se materializaba en las filas del Ejército y de la Marina de Guerra. Dicha acción se convirtió en un acto revolucionario, al abrazar el programa del Directorio Estudiantil Universitario. El inopinado encuentro de ambas fuerzas sociales dio vida a un Gobierno revolucionario pequeñoburgués. Se quedó así aislado el Partido Comunista, que esgrimía la consigna de «Soviets de obreros, campesinos y soldados». Aunque la oligarquía no podía ya gobernar, el proletariado aún no poseía la fuerza suficiente para asaltar el poder estatal. Se estableció entonces el gobierno colegiado de la Pentarquía, que a pesar de sus inconsecuencias, se instauró en contra de la voluntad del imperialismo y de la oligarquía. Pero su heterogeneidad, las amenazas de intervención estadounidense —cuya escuadra rodeó la Isla—, las conspiraciones de la desplazada oficialidad, y las vacilaciones o temores de algunos pentarcas, llevaron al gobierno colegiado a su final. Solo Ramón Grau San Martín se dispuso a jugarse el todo por el todo, y aceptó el 1ro. de septiembre la proposición del Directorio Estudiantil Universitario de ocupar la presidencia.

El nuevo gobierno representó un escalón más elevado del avance revolucionario pequeñoburgués. En el Gabinete, la posición más espinosa y comprometedora era la del secretario de Gobernación, Guerra y Marina, Antonio Guiteras, el dirigente más definido y audaz de la extrema izquierda pequeñoburguesa, o sea, la parte nacional revolucionaria de esta clase. El primer acto gubernamental fue trascendente: repudio a los preceptos de la Enmienda Platt, como muestra de la voluntad antiimperialista que respondía a las más profundas aspiraciones de la nación cubana. Pero el ala derechista de la pequeña burguesía existía; representaba el capitulacionismo, así como la entrega a la oligarquía y al imperialismo. La dirigía el sargento mayor Fulgencio Batista, quien había ganado el liderazgo del movimiento militar del 4 de septiembre. Su triunfo se debió a que expresaba la voluntad de la masa de alistados; tenía todos los defectos y deformaciones de una institución concebida para reprimir, así como todos sus vicios tradicionales de latrocinio y depravación. Luego Batista —ya coronel— alió al Ejército con los pequeñoburgueses de la organización política ABC, que en razón de malversaciones y negocios sucios cambiaron de clase, y se metamorfosearon en parte del bloque encabezado por la burguesía dependiente del imperialismo.

En la puja por el poder, las fuerzas se polarizaron alrededor de las dos tendencias extremas, capitaneadas por Batista y Guiteras; Grau quedó en el medio —a veces equidistante—, aunque en la mayoría de las oportunidades se dejó arrastrar por la izquierda. De este modo se emitieron los decretos más avanzados y resueltos del gobierno: leyes sobre el trabajo —jornada laboral de ocho horas, retiros y seguros por accidentes—; contra la usura, así como acerca de la rebaja de las tarifas del fluido eléctrico. También se aprobó la Reforma Universitaria, que daba plena autonomía al centro de altos estudios. Después se extendieron las funciones y el carácter constitucional de los Tribunales de Sanciones, para propender a la expropiación de los bienes malversados por los machadistas. Por último, el 14 de enero, por orden de Guiteras se estableció la gestión gubernamental —o intervención— de la Compañía Cubana de Electricidad, subsidiaria del monopolio norteamericano Electric Bond and Share Company. Sin embargo, el Secretario de Gobernación, que tenía plena conciencia de la necesidad de constituir una fuerza armada revolucionaria y confiable —para quienes perseguían objetivos nacional-liberadores—, no tuvo tiempo para alcanzar sus propósitos. El 15 de enero de 1934 Batista conminó a Grau para que dimitiera, tras lo cual la presidencia fue asumida por un moderado timorato. ¡Se había producido un golpe de Estado contrarrevolucionario *sui generis*! De tal modo se estrenó el batistato, caracterizado por la total entrega al imperialismo y por el más crudo terror antipopular, así como por los robos y malversaciones.

En América Latina, tras las amargas experiencias vividas a partir del rumbo político trazado por el sexto congreso de la KOMINTERN, los comunistas latinoamericanos celebraron su Segunda Conferencia en octubre de 1934. En ella, los participantes llegaron a la conclusión de que en nuestro subcontinente, la revolución socialista se hallaba precedida e íntimamente vinculada a la lucha de liberación nacional. Por ello se acordó, en lo adelante, esforzarse por estructurar amplios frentes populares antiimperialistas. No se trataba ya de lanzarse a la inmediata toma del poder político —fuese mediante el combate armado o la vía electoral—, sino de respaldar a las respectivas burguesías nacionales en su lucha por el poder político; así derrotarían a los opresores extranjeros y sus aliados nativos agroexportadores; entonces se lograrían reivindicaciones democráticas, y se controlaría el mercado interno. Era un enorme esfuerzo teórico de ese cónclave, porque hasta entonces en el marxismo —concepción ideológica de cuna europea— no se hacía distingos entre ambas ramas de la burguesía. En el viejo continente, toda ella había surgido orientada hacia el mercado nacional, pero en América los burgueses primero conformaron las plantaciones esclavistas agroexportadoras, a la vez que dentro de la pequeña burguesía surgieron también grupos exportadores, como los tabacaleros y los cafetaleros. La referida Conferencia concluyó que solo después de culminadas esas transformaciones democrático-burguesas, debería pensarse en un proceso de contenido socialista que entonces la clase obrera sí encabezaría. Estos preceptos fueron refrendados en Moscú por el Séptimo

Congreso de la Tercera Internacional, que se reunió en julio de 1935. Dicho Congreso también aprobó que los comunistas pudieran metamorfosear sus partidos para que adquiriesen características programáticas, que no resaltaran las diferencias filosófico-ideológicas entre creyentes de cualquier religión y los marxistas-leninistas. Entonces muchas de esas organizaciones políticas se renombraron como Vanguardias Populares, Socialistas Populares, u otras denominaciones similares.

En Cuba, Antonio Guiteras se dedicaba a constituir una organización revolucionaria, que nació en octubre de 1934 bajo el nombre de Joven Cuba. En su plataforma propugnaba: «al Estado socialista nos acercaremos por sucesivas etapas preparatorias». El joven ex Secretario de Gobernación, Guerra y Marina, mantenía sus concepciones insurreccionales, las cuales pensaba llevar a cabo en las ciudades, vinculadas con el estallido de movimientos huelguísticos de masa. Solo planeaba replegarse al campo en caso de un revés urbano.

Al producirse en marzo de 1935 una huelga general de carácter político, en la cual participaban diversas organizaciones —entre ellas el Partido Comunista y la Confederación General Obrera de Cuba—, Guiteras se esforzó por convertirla en una sublevación armada. Pero fracasada la huelga —que no llegó a durar ni ocho días— y frustrados sus intentos originales, Guiteras decidió marchar al extranjero. Allá se proponía organizar una expedición armada que conduciría hasta las costas de Oriente, donde desataría el combate guerrillero. Con el propósito de zarpar de Cuba para iniciar esos proyectos, Guiteras se dirigió al Morrillo —vieja Fortaleza aledaña a la ciudad de Matanzas— en unión de varios compañeros. Entre ellos se encontraba el venezolano Carlos Aponte, veterano de la gesta de Sandino. Pronto los revolucionarios se dieron cuenta de que estaban rodeados por la tropa de Batista. Para romper la emboscada, Guiteras y Aponte decidieron correr hasta una cerca vecina. Nunca llegaron. Juntos cayeron acribillados a balazos el 7 de mayo de 1935.

Entre 1936 y 1940, Batista consolidó su poder en el país a partir de su jefatura militar incontrolada. Cuando el presidente electo trató de disputarle el mando de las fuerzas armadas, fue depuesto. Y su vicepresidente, al ocupar la primera magistratura, se plegó por completo. Pero el reclamo principal de la población era la convocatoria a una Constituyente, cuyas sesiones finalmente se iniciaron en febrero de 1940 con la participación de los comunistas. Estos respaldaron sus acápites más progresistas, como restablecer el poder presidencial sobre los mandos de las Fuerzas Armadas y proclamar el derecho a una educación gratuita. Pero lo más trascendente del texto fue la proscripción de los latifundios, cuyo fraccionamiento se realizaría mediante una reforma agraria. Dicha disposición afectaría los intereses de la poderosa burguesía azucarera, y beneficiaría notablemente a la débil y emergente burguesía nacional. En los comicios de 1940, Batista obtuvo la presidencia en coalición o especie de Frente Popular con el Partido Unión Revolucionaria Comunista —luego convertido en Socialista Popular—. Este aportó incluso dos prestigiosos intelectuales de dicha militancia para que fungiesen como ministros sin cartera en su gabinete. Durante el cuatrienio correspondiente, los Estados Unidos revirtieron la suspensión de sus relaciones militares con Cuba. Con ella firmaron un acuerdo, mediante el cual se le entregaron aviones, tanques, transportes blindados, cañones, morteros, ametralladoras y caza-submarinos. También se firmó un convenio secreto, que entregaba a las Fuerzas Armadas estadounidenses bases aéreas en San Antonio de los Baños y San Julián.

La Segunda Guerra Mundial significó bonanza económica y social para la Isla; la zafra azucarera se duplicó y se vendió en su totalidad a Estados Unidos, en donde abasteció el 40% del mercado. Pero debido al conflicto bélico, resultaba muy difícil realizar importaciones desde el vecino del norte. Esto multiplicó los pequeños y medianos negocios, cuyos dueños con frecuencia engrosaron las filas del veladamente nacionalista y pseudosocialdemócrata Partido Revolucionario Cubano (Auténtico), encabezado por Grau. A la vez, los sindicatos se fortalecieron bajo la conducción de sus nuevos dirigentes comunistas.

En las elecciones de 1944 Ramón Grau San Martín obtuvo una victoria arrolladora, pues las masas creían que iniciaría una auténtica revolución. Su gobierno clausuró las dos bases aéreas estadounidenses, auspició a la burguesía industrial, aumentó los salarios, creó Cajas de Retiros y Jubilaciones, inició alguna reforma agraria. Y a pesar de que rechazó la alianza propuesta por el Partido Socialista Popular, durante tres años mantuvo alguna colaboración con la Central de Trabajadores, cuya directiva —hasta el V Congreso, en 1947— pertenecía a ese partido. Esto se reflejó en su apoyo a la construcción del Palacio de los Trabajadores, y sobre todo en su entendimiento con el dirigente sindical comunista Jesús Menéndez, para lograr el llamado «diferencial azucarero». Este se consiguió mediante el intrusismo gubernamental en la venta del dulce producto, lo cual aumentaba su precio en el mercado mundial. Luego los beneficios se distribuían en dos mitades. Una para los obreros del sector —que llegaban así a duplicar su salario—, y la otra para impulsar un vasto plan de obras públicas. Al mismo tiempo, Grau debilitó al máximo las Fuerzas Armadas —incluso las policiales— forjadas por Batista; dio baja al 35% de la oficialidad y sustituyó todas las cúpulas militares, lo cual originó diversas conspiraciones. La más importante estuvo encabezada por el recién depuesto jefe del Ejército. En ese contexto muchas organizaciones políticas se dieron a la tarea de estructurar grupos de acción propios, lo cual estimuló también que surgiesen agrupaciones armadas independientes, con fines de lucro o simplemente gansteriles.

Fidel Castro, que había iniciado el bachillerato en el exclusivo Hermanos Católicos de La Salle —en Santiago de Cuba—, culminó dichos estudios —como interno— en el prestigioso Colegio de Belén. La institución docente habanera pertenecía a los disciplinados y exigentes sacerdotes de la Compañía de Jesús. En septiembre de 1945, se matriculó en la Facultad de Derecho de la Universidad de La Habana. En ella, la poderosa e influyente Federación Estudiantil Universitaria estaba presidida por el activo y popular Manolo Castro[11] —sin relación familiar con Fidel—. Manolo estaba tan vinculado a miembros del gobierno «auténtico», que aún sin graduar se le designó Director Nacional de Deportes, con un multimillonario presupuesto. Pero además de la FEU, dentro —y fuera— de la Universidad actuaban agrupaciones armadas de confusa filiación política, conocidas genéricamente como El Bonche. Existía, por ejemplo, el Movimiento Socialista Revolucionario (MSR), del que participaban elementos tan disímiles como el propio Manolo Castro y el violento excomunista veterano de la guerra civil española Rolando Masferrer.[12] Y al interior del MSR había subgrupos semiautónomos, como la Legión Revolucionaria. Esta la encabezaban el impetuoso y pseudoizquierdista Mario Salabarría[13] —director del novedoso Buró de Investigaciones Policiales, heredero del Servicio Investigativo Especial y Extraordinario—, así como Carlos Gutiérrez Menoyo.[14] El principal rival del MSR era la Unión Insurreccional Revolucionaria, presidida por

Emilio Tro —acusado de trotskista y director de la Academia Nacional de la Policía—, y en la que participaban jóvenes como Calixto Sánchez White[15] y Rafael del Pino.[16] También operaba en los predios universitarios la Asociación Revolucionaria Guiteras, con personajes como Orlando León-Lemus, *El Colorado*,[17] y Jesús González-Cartas, *El Extraño*.[18] Dichas agrupaciones se desvelaron por captar a Fidel desde su ingreso a la Universidad, pues su carisma y dinamismo lo habían convertido en destacado dirigente de la FEU en su facultad, y en presidente del universitario Comité Pro Democracia Dominicana. En virtud de esta responsabilidad y a pesar de la oposición de Masferrer, Fidel fue aceptado por Manolo Castro para integrar una fuerza expedicionaria internacionalista, que derribase al tirano Rafael Leónidas Trujillo[19] en República Dominicana; Manolo actuaba en la universidad como reclutador de voluntarios, y entre otros había captado a José Luis Wangüemert[20] y Enrique Rodríguez Loeches.[21] La idea de la expedición había tomado gran fuerza a partir de las estrechas relaciones del exiliado dominicano Juan Bosch[22] con Carlos Prío, del que era jefe de despacho cuando su amigo cubano fungía como Primer Ministro de Grau. El entrenamiento militar de los 1 200 hombres comenzó a mediados de 1947, en el nororiental Cayo Confites. Un batallón se llamaba Guiteras y otro, Sandino, al cual perteneció Fidel. Primero, como simple soldado, aunque después fue ascendido a jefe de pelotón y de compañía. A pesar de representar su primera experiencia militar, Fidel era muy crítico de todo lo que allí sucedía. Consideraba dicho empeño mal organizado, sin preparación ideológica, ineficiente, y concebido para emprender un ataque convencional, en vez de emplearlo para iniciar la lucha guerrillera. Meses después, cuando todo parecía anunciar que los buques zarparían hacia Santo Domingo, gravísimos hechos ocurridos en La Habana auguraron un final inesperado para la expedición. En la capital, las crecientes contradicciones entre Emilio Tro y Mario Salabarría condujeron —el 15 de septiembre— a los sangrientos Sucesos de Orfila. En el domicilio del jefe de la policía de Marianao —Morín Dopico—, los policías de Salabarría dieron muerte a Tro y a un grupo de hombres bajo su mando, que se encontraban en casa del colega y amigo. Esta masacre, narrada en vivo por la radio nacional, conmovió a toda la ciudadanía, que exigió se tomaran medidas contra los grupos armados irregulares. También la embajada estadounidense, enemiga de los empeños antitrujillistas, presionó. Entonces el desprestigiado Grau cedió, y a los doce días envió buques de la Marina de Guerra a que detuvieran la expedición y apresaran a sus integrantes. Todos fueron detenidos, menos Fidel Castro, quien se tiró a la bahía de Nipe y en aguas llenas de tiburones nadó hacia el litoral. Una vez en la costa, el irreductible joven tomó rumbo a Birán,[23] su querida y cercana tierra donde había nacido hacía veintiún años.

De nuevo en la Universidad de La Habana, Fidel apoyó con entusiasmo la escisión del «autenticismo», cuando Eduardo Chibás[24] conformó su Partido del Pueblo Cubano (Ortodoxo), cuyo símbolo político era una escoba (para barrer la corrupción). Este excercano colaborador de Grau hacía énfasis en moralizar la administración pública y en replantear la ética republicana, lo cual cautivó a las masas de humildes y a los jóvenes.

En 1948, el ya muy conocido dirigente estudiantil de Derecho supo de la convocatoria estadounidense para celebrar en Bogotá la IX Conferencia Interamericana. El propósito de Washington era transformar la Unión Panamericana en Organización de Estados Americanos, para sustraer las relaciones continentales del marco de la Organización de las Naciones Unidas, donde en su Consejo de Seguridad, la Unión Soviética tenía poder de veto. Además, deseaban incorporar a la OEA el recién firmado Tratado Interamericano de Asistencia Recíproca (TIAR), pacto militarista que situaba a las Fuerzas Armadas latinoamericanas bajo la égida estadounidense.

Fidel Castro concibió la idea de efectuar un Primer Congreso de Estudiantes Latinoamericanos, que paralelamente al surgimiento de la OEA se manifestara en contra de esta y de la hegemonía imperialista. Y hacia la capital de Colombia partió en los primeros días de abril de 1948, con el objetivo de reunirse con Jorge Eliécer Gaitán.[25] Este popularísimo dirigente de la izquierda liberal colombiana, el día 7 le brindó su entusiasta apoyo y le prometió clausurar el magno evento. Antes de la despedida, ambos acordaron volver a entrevistarse cuarenta y ocho horas después, a las 2:00 p.m. Los preparativos del congreso estudiantil continuaban, cuando el 9 de abril, poco después del mediodía, una siniestra noticia recorrió la ciudad. ¡Habían asesinado a Gaitán! Y las masas enloquecidas se lanzaron a las calles. Las manifestaciones de anarquía típicas del Bogotazo preocuparon a Fidel, quien ya en esa época tenía ideas muy claras y precisas de lo que era una revolución, aunque no había completado su madurez política ni la profundidad de sus convicciones marxistas-leninistas. Estaba muy influido aún por las tácticas de la Revolución Francesa. Fidel tuvo en Colombia una actitud consecuente; con mucha decisión, desinterés y altruismo se esforzó por brindar alguna organización al estallido espontáneo de un pueblo oprimido, que buscaba justicia. A pesar de estar en completo desacuerdo con las disposiciones militares recibidas, Fidel disciplinadamente se quedó junto a los que anhelaban la revolución, dispuesto a morir en el anonimato, impresionado por la valentía y heroísmo de un pueblo rebelde, que no tenía educación política y carecía de una dirección capaz, organizada y firme.

El asesinato de Gaitán originó en Colombia la llamada Violencia. Durante esa década, la avalancha rebelde careció de una conducción susceptible de transformar la estructura socioeconómica, cuyos beneficios disfrutaban por igual los oligarcas de ambos partidos tradicionales, fuesen liberales o conservadores. Los choques eran feroces enfrentamientos por simples cuestiones de rótulos. Pronto la lucha guerrillera se fue haciendo indiscriminada por todo el país. Muchos se alzaban con los liberales, porque era la única manera de sobrevivir a la violencia del gobierno conservador, combatida con altas dosis de igual procedimiento. De esa forma la barbarie se fue generalizando. Solo el Partido Comunista se esforzaba por lograr que las guerrillas abandonaran su visión localista y sectaria del conflicto. Pretendía vincular la lucha armada con la reforma agraria, y con la conformación de gobiernos populares en cada localidad. Pero los jerarcas de ambos partidos oligárquicos terminaron entendiéndose, y forjaron en 1957 un Frente Nacional. Mediante dicho acuerdo, ambas organizaciones políticas se alternarían en el ejercicio del poder y enfrentarían al movimiento guerrillero. Este era muy fuerte en Marquetalia, el Cauca-Río Chiquito, el Pato y Guayabero, donde según la propaganda oficialista habían surgido «Repúblicas independientes comunistas». En realidad, en dichas zonas se vivía una situación de tregua armada, pues la militancia de ese revolucionario partido aplicaba los preceptos de «autodefensa». Si se les atacaba, combatían. Pero ante la alianza de toda la burguesía, no sabían qué hacer; no pretendían llevar la lucha a otras áreas y mucho menos tomar el poder. Seguían considerando como válidos los acuerdos del VII Congreso de la Tercera Internacional, a pesar de que esta organización había sido disuelta tiempo atrás.[26]

En Cuba, una vez electo presidente, Carlos Prío promovió la creación del Banco Nacional —con el prestigioso economista Felipe Pazos como director, quien esgrimía las teorías de la CEPAL—, así como del Banco de Fomento Agrícola e Industrial de Cuba (BANFAIC). Dichas instituciones debían implementar algún proteccionismo, al restringir determinadas preferencias al comercio con Estados Unidos. También impulsarían y diversificarían los intereses de la burguesía nacional, con una política financiera adecuada. Pero a la vez, el nuevo mandatario «auténtico» acentuó la persecución a los comunistas, muchos de cuyos dirigentes —como Jesús Menéndez— fueron asesinados. Promovió el asalto a los sindicatos encabezados por honestos dirigentes; corrompió a la CTC con el infame inciso K; se hundió en la más completa corrupción. Contra todos esos desafueros se proyectaba Fidel Castro desde la «ortodoxia», quien también se destacó por encabezar la mayor manifestación opositora frente a la embajada de Estados Unidos. Dicha protesta tuvo lugar por la afrenta que los marines estadounidenses perpetraron al monumento de José Martí, en el Parque Central de la capital. Por su parte, Batista sabía que Prío tenía crecientes dificultades con la sacarocracia criolla, así como con círculos de poder estadounidenses vinculados con la Bolsa de Nueva York y con los hermanos Dulles,[27] miembros del gobierno en Washington.

Hacia la toma del poder

El golpe de Estado de Batista el 10 de marzo de 1952, ochenta días antes de las programadas elecciones presidenciales, obtuvo el respaldo de la burguesía agroexportadora azucarera y el reconocimiento —a los cinco días— de los Estados Unidos. Entonces, el régimen de facto revirtió la política económica de los corruptos «auténticos», transformó el comportamiento —por no decir las funciones— del BANFAIC, mantuvo inalterable la estructura del comercio exterior, otorgó al poderoso vecino del norte el estatus de «nación más favorecida», auspició la penetración en Cuba de los intereses pecuarios del Medio Oeste norteamericano y benefició a los monopolios estadounidenses —en detrimento de los capitales nacionales— en esferas como el turismo y la construcción. Simultáneamente, desde el poder, los burgueses afiliados al batistato presionaron para adquirir los negocios de otros inversionistas criollos, en rubros como bebidas y licores o el transporte.

Fidel Castro, a las dos semanas de la acción militar golpista, en tanto que abogado, acusó al dictador ante un tribunal, pero sin consecuencia legal o práctica alguna. Entonces decidió nuclear grupos combativos de avanzada, que participaran en la lucha general de toda la oposición contra el tirano. Pero al cabo de un año, se convenció de que los partidos tradicionales eran incapaces de acometer una verdadera lucha armada. Y llegó a la conclusión de que los revolucionarios aglutinados a su alrededor debían iniciar la insurrección. Fue así como se estructuraron los jóvenes de la llamada Generación del Centenario del Apóstol (José Martí), quienes elaboraron el plan de ataque al principal cuartel de la región oriental. Pensaban tomar dicha fortaleza, sublevar Santiago y al resto de la provincia, para exhortar a la huelga general en todo el país. Si el asalto fracasaba, planeaban replegarse a la Sierra Maestra y allí iniciar el combate guerrillero.

Con esos criterios, Fidel Castro y un selecto grupo de revolucionarios atacó el Cuartel Moncada el 26 de julio de 1953, en una acción que no triunfó. El ejército asesinó a decenas de participantes, y el propio Fidel fue capturado en marcha hacia las vecinas montañas. Después se le sometió a una farsa judicial. En ese proceso, el joven revolucionario afirmó que el autor intelectual de la acción era José Martí. Después acusó al tiránico e ilegal régimen, y expuso su alegato-programa conocido como «La Historia me absolverá». En este, demostró conocer el contexto material en que se desarrollaba la vida de los cubanos, así como sus conflictos y contradicciones. También evidenció los anhelos de la ciudadanía y su moral, nutrida de la idiosincrasia y psicología nacionales así como de sus tradiciones y cultura propias. En dicha alocución, Fidel convocó a la más amplia unidad antidictatorial, que resistiese a la tiranía y condujese al pueblo a una multifacética rebeldía, hasta lograr el triunfo. Trataba de lograr la unidad por la negación, aunque dentro de aquella unos buscasen retornar al estatus anterior, mientras otros querían alcanzar un mundo mejor mediante la revolución.

Desde la cárcel, la popularidad de Fidel Castro se multiplicó y el clandestinamente divulgado texto de su defensa se convirtió en bandera de todos los demócratas y revolucionarios, que reclamaban su liberación. Excarcelados, Fidel y sus compañeros de lucha se esforzaron por emplear medios legales para oponerse a Batista, pero este lo impidió. Entonces partieron hacia México, donde fundaron el Movimiento 26 de Julio. Allí se les unió un joven médico argentino que se llamaba Ernesto Guevara. Este revolucionario internacionalista le narró a Fidel sus recientes experiencias en Bolivia y Guatemala, donde esperanzadores procesos para transformar la sociedad habían fracasado.

En Bolivia, los victoriosos mineros insurrectos —que habían derrotado al ejército en 1952— se estructuraron en milicias y auspiciaron el surgimiento de una central sindical única, la poderosa Confederación Obrera Boliviana (COB). Pero, carentes de una fuerza política propia, entregaron el poder al pequeño-burgués Movimiento Nacionalista Revolucionario (MNR). Este, una vez eliminadas las reminiscencias feudales, aumentados los salarios, expropiada la cúpula burguesa de la minería, establecido el voto universal, realizada una reforma agraria que no afectó las haciendas con inversión de capitales y solo entregó la tierra en pequeñas parcelas, consideró terminado el proceso de cambio. Se dedicó entonces a contener la rebeldía obrera, mientras mantenía su alianza con el vasto y dócil campesinado minifundista. También la cúpula del MNR se enriqueció mediante malversaciones o negocios sucios y peculado; anhelaba convertirse en burguesía propiamente dicha, y —sobre todo— entenderse con los Estados Unidos.

En Guatemala, el proceso revolucionario comenzó cuando la insurrección del capitán Jacobo Arbenz puso definitivamente fin al régimen dictatorial; entonces se pasó a retiro a todos los generales y se abolió dicho rango. Después, Juan José Arévalo, presidente electo, realizó obras sociales —hospitales, viviendas, escuelas—, aprobó un código laboral que incluía las ocho horas de trabajo y salario mínimo, permitió el surgimiento de la Central de Trabajadores, fortaleció a la burguesía nacional. Pero Arévalo tuvo roces con Estados Unidos, quien se negaba a aceptar su Decreto 649, que establecía el control gubernamental sobre las concesiones de petróleo. También por su respaldo a los jornaleros de la United Fruit Company (UFCO), en serios conflictos laborales con el monopolio bananero. Y con la Electric Bond and Share, que rechazaba disminuir las tarifas cobradas a los empresarios criollos.

Arbenz ganó los siguientes comicios presidenciales, permitió la formación del Partido Comunista y emitió una ley de reforma agraria. Esta disponía la expropiación de todas las tierras no cultivadas y de las arrendadas por los terratenientes bajo principios no capitalistas. Todos esos predios, así como los de propiedad estatal, se distribuirían entre los campesinos sin tierra. Desde entonces se expropiaron a la UFCO —cuyos principales accionistas eran los hermanos Dulles— decenas de miles de hectáreas ociosas. El gobierno de Estados Unidos respondió con agresividad; ordenó a la CIA estructurar una fuerza mercenaria que derrocase el régimen revolucionario. La invasión comenzó en junio de 1954, seguida una semana después por bombardeos a la capital y otras ciudades. El presidente deseó armar al pueblo, pero gran parte de la oficialidad se opuso. Se pagaba así el trágico precio de no haber depurado las Fuerzas Armadas, y de no haber eliminado la opresión cultural sufrida por las diferentes tribus mayas, que representaban los dos tercios de la población. En esas circunstancias, Jacobo Arbenz renunció a la presidencia y marchó al exilio.

En México, Fidel seleccionó a 80 revolucionarios, con quienes a bordo del yate *Granma* desembarcó el 2 de diciembre de 1956 en las costas orientales de Cuba. En esa región, con los campesinos pobres, comenzó la forja del Ejército Rebelde, que el 17 de enero ocupó el cuartel militar de La Plata. Poco después en La Habana, el 13 de marzo de 1957, el estudiantil Directorio Revolucionario llevó a cabo un fallido asalto al Palacio Presidencial. En represalia, la tiranía desató prácticas terroristas contra los opositores, incluso de los sectores rivales de la burguesía, uno de cuyos principales representantes fue asesinado. Se trataba del destacado dirigente «ortodoxo» Pelayo Cuervo, nada vinculado con el ataque a la sede oficial del dictador. Se pretendía dar un escarmiento a todos los enemigos del régimen, por muy pacíficos o burgueses que fueran. Desde ese momento, aun los más timoratos o titubeantes partícipes de la débil burguesía nacional comprendieron que solo la lucha armada podría destronar al tirano y sus adláteres.

Entonces, Fidel encomendó a Regino Boti[1] —funcionario de la CEPAL— y a Felipe Pazos lo que se ha dado en llamar las Tesis Económicas del Movimiento 26 de Julio. Estas se convertirían en el documento programático del gobierno, al inicio de la Revolución.

A principios de 1958 se creó el Segundo Frente Oriental, comandado por Raúl Castro, pero el 9 de abril fracasó una huelga general urbana. A pesar de este revés, la ofensiva del Ejército Rebelde se intensificó, lo que indujo a Fidel a convocar la formación de un amplio Frente Cívico. Este nuclearía a todos los oposicionistas —fuesen militares, obreros, estudiantes, profesionales, empresarios— para coordinar sus actividades contra la tiranía. Esa conjunción de fuerzas permitió que el Ejército Rebelde ocupara numerosas ciudades en Oriente y dejara aislado a Camagüey. Mientras, en Las Villas, con la toma por Ernesto Guevara —Che— de la estratégica Santa Clara, la estrecha y larga isla quedaba cortada a la mitad. Simultáneamente, Fidel proclamó la huelga general revolucionaria y entró en Santiago de Cuba.

Triunfo de la rebelión e inicio de la Revolución

Luego de dos años de guerra, en 1959, Fidel ocupó el poder e inició una segunda fase de su lucha. Planteó la necesidad de transformar o sustituir las viejas estructuras por otras nuevas, lo cual se realizaría mediante un conjunto de etapas evolutivas. En estas se eliminarían los negocios de los imperialistas y sus aliados internos, en nombre de los intereses generales de la sociedad. Ponía en práctica su novedoso concepto de que revolución es el arte de aglutinar fuerzas contra el imperialismo, pues ningún proceso puede darse el lujo de excluir a fuerza alguna; ninguna revolución puede darse el lujo de excluir la palabra «sumar».[1] Por esta razón, Fidel estructuró un gabinete gubernamental, cuya conformación evidenciaba las oportunidades que se le brindaban a la burguesía nacional. Felipe Pazos[2] fue designado nuevamente Director del Banco Nacional, mientras Rufo López Fresquet —proveniente de Acción Católica— ocupaba el cargo de Ministro de Hacienda. Juntos concibieron una avanzada reforma tributaria, diseñada para redistribuir los ingresos e incrementar la producción del empresariado nacional destinada al consumo interno. Sin embargo, antes de que finalizara ese año, ambos renunciaron a sus elevados cargos y huyeron al extranjero; tomaban el rumbo iniciado por los batistianos, continuado después por los oligarcas y seguido más tarde por los grandes propietarios, incluidos los de la débil y timorata burguesía nacional. Todos temían a la Revolución y las posibles represalias de los Estados Unidos.

A partir de enero de 1959 se intervinieron las propiedades malversadas por los antiguos gobernantes, se rebajaron los alquileres urbanos para luego entregar la propiedad de los domicilios a sus inquilinos,[3] se nacionalizaron los bancos y demás compañías extranjeras,[4] se estatizaron 400 grandes empresas propiedad de criollos, se dictó una ley de Reforma Agraria.[5] Esta limitó las posesiones de los terratenientes a 30 caballerías (402 hectáreas), lo que permitía su transformación en burguesía agraria. La tierra en exceso se entregó en propiedad a precaristas y aparceros, estimulados a integrarse en cooperativas junto al campesinado previamente existente. Sin embargo, la originalidad agrarista de Fidel fue convertir en granjas estatales —poco más del 40% de las tierras— las plantaciones y latifundios ganaderos expropiados, que funcionaban con peones asalariados o jornaleros agrícolas. Después se transformaron los cuarteles en escuelas, se fundaron milicias —de obreros, campesinos, estudiantes e intelectuales—, se constituyeron en los barrios Comités de Defensa de la Revolución. Y en septiembre de 1960, Fidel creó un Buró de Coordinación de Actividades Revolucionarias, encargado de integrar al exinsurrecto Movimiento 26 de Julio con el estudiantil Directorio Revolucionario y el proletario Partido Socialista Popular.[6] Se unificaron así militancias políticas diferentes, pero susceptibles de formar una vanguardia nacional-liberadora única, decidida, capaz y firme. De ese modo se alcanzaba una nueva unidad, cuya esencia radicaba en afirmar lo que se quería. Ese conjunto de medidas metamorfoseó el derecho y consecuentemente las formas de propiedad, el sistema económico y las relaciones sociales.

Igualmente sucedió con la moral, pues el cambio había sido anhelado. También Fidel inició la transformación cultural de la sociedad, al convocar a una impresionante Campaña de Alfabetización.[7] En ella, miles y miles de jóvenes citadinos marcharon a campos y montañas, con el propósito de ilustrar a la población rural carente de educación. Fue una enorme movilización de masas. De esa manera, se evidenció que Fidel había logrado el extraordinario éxito político de metamorfosear la rebeldía en revolución y hacerla inderrotable, al contar con las armas, la unidad y el pueblo. Fidel también dio a la Revolución un contenido ideológico, al proclamar el carácter socialista de la revolución, en abril de 1961, en el emotivo entierro de las víctimas del bombardeo mercenario, realizado en vísperas de la derrotada invasión de la CIA por Playa Girón. Se evidenció entonces que se había realizado un gigantesco paso de avance en la historia de América Latina. Fidel demostró que no existían barreras infranqueables para los procesos decididos a llegar hasta su máximo desarrollo, cuyo límite lo establecería la idiosincrasia o costumbres y aspiraciones socioeconómicas de la población. Todo dependía del sector social que ocupara el poder, y de quien lo dirigiese.

Internacionalismo revolucionario

En América Latina, la Revolución Cubana influyó profundamente en las conciencias más audaces; se entendía que amplias perspectivas de liberación se abrían para millones de humildes y desposeídos, cuya lucha podría terminar con la opresión. Hubo quienes de inmediato se lanzaron al combate guerrillero rural. Sucedió así en Guatemala,[1] Haití,[2] Nicaragua,[3] Panamá,[4] Paraguay,[5] Perú[6] y Venezuela,[7] mientras en Colombia[8] se reanimaba la insurgencia comunista. En ese contexto, en febrero de 1962, Fidel Castro lanzó su trascendental Segunda Declaración de La Habana. El texto afirmaba que el movimiento de liberación contemporáneo latinoamericano era indetenible. Pero su triunfo dependía de que se vertebraran los esfuerzos de obreros, campesinos, intelectuales, pequeño-burgueses y capas progresistas de la burguesía nacional, sin prejuicios ni divisiones o sectarismos, dirigidos por los mejores revolucionarios de la sociedad. En dicho movimiento —precisaba—, debían luchar juntos desde el viejo militante marxista hasta el católico sincero, así como los elementos avanzados de las Fuerzas Armadas.

Entonces, en el subcontinente entraron en crisis los acuerdos del VII Congreso de la Tercera Internacional, sobre la estrategia de los Frentes Populares encabezados por la burguesía. Quienes rechazaron esa caduca orientación, se sumaron a los partidarios de la lucha armada, que se animaba en la región. Pero la disputa entre los simpatizantes de una u otra tendencia pronto se vio agravada por conflictos políticos originados allende los mares; se había producido el cisma chino-soviético, impulsado con vigor por Pekín a partir de 1963, cuando publicara su Propuesta de Línea General para el Movimiento Comunista Internacional. La médula de la polémica radicaba en que Moscú proponía la «coexistencia pacífica» entre el Este y el Oeste, lo cual implicaba que se aceptara exclusivamente la vía electoral como opción política al interior de los países. En cambio, los maoístas brindaban una visión simplificada de las específicas condiciones chinas, antes del triunfo socialista en esa enorme república asiática. De ahí que plantearan la necesidad de sostener una «guerra popular prolongada» del campo a la ciudad, en los países subdesarrollados del Tercer Mundo.

Con el propósito de analizar cuestiones de tanta trascendencia y complejidad, Fidel convocó en 1964 a la Tercera Conferencia de los Partidos Comunistas de América Latina. En sus conclusiones se trazó una sinuosa línea conciliatoria entre enemigos y proclives de la lucha guerrillera. A los tres años, con el apoyo de estos últimos, en La Habana se celebró la Conferencia de Solidaridad de América Latina —más conocida por las siglas de OLAS—, a la que asistieron los abanderados del combate armado, ahora engrosados con los partidarios de las guerrillas urbanas en Argentina[9] y Uruguay.[10] En ella se concluyó que en nuestra región existían condiciones socioeconómicas y políticas susceptibles de crear —con el desarrollo de la guerra popular— situaciones revolucionarias, en dependencia de las concepciones ideológicas y capacidades organizativas de las vanguardias. De otra parte, la militancia comunista atraída por el maoísmo se esforzó por escindir dichos partidos, añadiendo casi siempre al nombre de su organización de origen el término «marxista-leninista» o alguna variación parecida. Al atribulado panorama de tendencias revolucionarias, habría que añadir la del trotskismo,[11] que abordaba la cuestión de la toma del poder de manera nebulosa, aunque se planteara —tal vez para el futuro— la posibilidad de una súbita lucha armada, que en breves combates debería triunfar sin realizar alianza alguna con otras fuerzas.

Fidel inició la colaboración internacionalista con los revolucionarios latinoamericanos desde que ocupó el poder en Cuba. De inmediato organizó una expedición armada contra el régimen trujillista en República Dominicana. Esta la dirigía Enrique Jiménez Moya —veterano de Cayo Confites y de la Sierra Maestra—, cuyo segundo al mando era Delio Gómez Ochoa, exjefe en Oriente del Cuarto Frente del Ejército Rebelde. A mediados de 1959, unos 200 hombres se dirigieron hacia Puerto Plata, donde pocos escaparon vivos de los primeros combates. Los sobrevivientes fundaron el Movimiento 14 de Junio (M-14-J), que inició la lucha guerrillera en 1963.

Fidel también se propuso desarrollar su solidaridad internacionalista con África. Por ese motivo —en el propio 1959— envió a Ernesto Che Guevara hacia ese continente. Este se entrevistó con el presidente de Egipto, Gamal Abdel Nasser,[12] y en el Cairo se relacionó asimismo con revolucionarios africanos allí exiliados. Todos dirigían entonces su atención hacia Argelia, en lucha por emanciparse del colonialismo francés. Con el propósito de brindar ayuda a esos insurgentes, en 1961, Fidel envió a los combatientes del Frente Argelino de Liberación Nacional un barco lleno de las armas estadounidenses capturadas a los mercenarios derrotados en Playa Girón. En diciembre de 1964 el Che regresó a África, donde durante tres meses fungió como embajador de Fidel ante los gobiernos y movimientos progresistas o revolucionarios de ese continente. Se relacionó en especial con Agostinho Neto, dirigente del Movimiento Popular por la

Liberación de Angola (MPLA). Este le solicitó instructores para su organización guerrillera independentista, que en lucha contra Portugal —su metrópoli— surgía en la provincia de Cabinda. También recibió el agradecimiento del presidente argelino, por la ayuda que en 1963 Fidel había enviado —tanques y hombres encabezados por Efigenio Ameijeiras—,[13] cuando esa república árabe —ya independiente— fue atacada por el vecino Reino de Marruecos. Finalmente, en 1965, Fidel envió dos contingentes internacionalistas al África. Una columna de dos centenares de hombres —encabezada por Jorge Risquet—[14] operó en el Congo Brazzaville. El otro grupo, comandado por el Che, tuvo como teatro de operaciones el territorio de la actualmente denominada República Democrática del Congo, llamada durante un tiempo Zaire. Su tarea fue organizar el movimiento armado de los herederos del asesinado líder anticolonialista Patricio Lumumba, en cuyos empeños entabló relaciones de colaboración con Laurent Kabila, quien llegaría a presidente de ese país.

Fidel, mientras tanto, proseguía con su apoyo a los revolucionarios latinoamericanos. Ejemplo de ello fue Abelardo Colomé Ibarra, *Furry* —futuro ministro del Interior cubano—, quien se incorporó al Ejército Guerrillero del Pueblo, establecido en Salta, Argentina, en 1963. Otro ejemplo fue el de Antonio Briones Montoto,[15] en Venezuela, quien murió combatiendo en Machurrucuto.

De regreso a Cuba, el Che se incorporó al empeño de crear un destacamento guerrillero en Bolivia. En el mismo participarían combatientes de distintos países latinoamericanos, en una especie de escuela de entrenamiento para la lucha armada. Con tal propósito escogió un pequeño grupo de compañeros con experiencia en la Sierra Maestra, cuya capacidad, valor y espíritu de sacrificio conocía. A la vez dinamizó sus relaciones con dirigentes y militantes del Partido Comunista de Bolivia, de los cuales recababa solidaridad, pues al inicio de su empeño el contingente revolucionario dependería de esa ayuda. Pero al llegar a Bolivia a fines de 1966, el Che encontró a dicho partido escindido en tres corrientes, y solo una lo apoyaba. Estaba encabezada por Mario Monje, quién le exigió la dirección político-militar del movimiento. El Che se la negó, en una decisión que Fidel así valoró: «Monje pide mando, y el Che era muy recto, rígido... Yo pienso que el Che debió hacer un mayor esfuerzo de unidad. [...] Pienso que realmente no había ninguna razón para exigir aquel mando, simplemente tal vez hubiera hecho falta un poco, digamos, de mano izquierda. Porque, en realidad, si Monje lo pide, el Che le podía dar el título de general en jefe, de lo que quisiera, sin mando de tropa».[16]

A finales de enero de 1967, el Che dio por terminados los trabajos preparatorios y comenzó la exploración guerrillera. Esta duró hasta el 20 de marzo, cuando comenzó la lucha con un golpe preciso y espectacular. En respuesta, el ejército lanzó una contraofensiva para aislar a los insurgentes de la población minifundista. Los dirigentes de ese grupo social habían firmado el llamado Pacto Militar Campesino, que inducía a la población rural a no colaborar, y a delatar a los revolucionarios. Entonces el Che decidió buscar otras zonas con mayor desarrollo político, para lo cual debía atravesar la Quebrada del Yuro, donde, sin saberlo él, acechaba una numerosa tropa del gobierno. El reducido grupo combatió hasta el anochecer del 8 de octubre, cuando el Che fue herido en las piernas y se le agotaron las municiones.[17] Solo de esa manera, inmovilizado e indefenso, Ernesto Guevara pudo ser capturado vivo. Entonces lo trasladaron al pueblo de Higueras, donde con una ráfaga de metralleta se le ultimó.

Revolución e institucionalidad

Aunque la muerte del Che ocasionó en Cuba un profundo pesar, los ánimos de la población, en vez de amilanarse, se caldearon. En ese contexto, Fidel anunció el 13 de marzo de 1968 la Ofensiva Revolucionaria, que extirpaba en las urbes todos los pequeños negocios. Esto, unido a la reciente emisión de la Segunda Ley de Reforma Agraria —que limitaba a 5 caballerías la tenencia privada de la tierra—, daba primacía absoluta a la propiedad socialista sobre los medios de producción. Fidel, además, llamó a desarrollar una colosal batalla económica, con el objetivo de alcanzar en 2 años una cosecha azucarera ascendente a 10 millones de toneladas. Todo se colocó en función de ello, y el país voluntariamente se convirtió en un hervidero laboral. Pero no obstante llegar a unos impresionantes 8 millones y medio —la cuantía mayor jamás alcanzada—, la difícil meta establecida para la zafra de 1970 no se logró. Fidel entonces convocó a una profunda reflexión, tras lo cual se decidió alterar la manera de funcionar la sociedad.

En lo adelante, las instituciones tendrían mayor importancia, se emitiría una Constitución Socialista, surgiría el Poder Popular desde los municipios hasta el Parlamento nacional, se celebrarían comicios, cuya originalidad estribaría en que el Partido no postularía candidatos. Estos serían propuestos por la ciudadanía en las asambleas de barrios, y tendrían que ser escogidos con más de la mitad de los votos, en primera o segunda rondas electorales. Empezaba una etapa nueva en la Revolución.

En 1970, en Chile, ocupó la presidencia Salvador Allende, candidato de una alianza partidista nombrada Unidad Popular. Esta vinculaba comunistas, socialistas, radicales y algunos exdemócratas cristianos agrupados en el Movimiento de Acción Popular Unitaria. Su original programa revolucionario proponía el surgimiento de tres áreas de propiedad bien diferenciadas. Una englobaría las empresas estatales existentes, así como todos los monopolios criollos y extranjeros que fuesen nacionalizados, las riquezas básicas y el comercio exterior. En otra, operarían los sectores medios de la burguesía y algunas dependencias del Estado. La tercera sería un área por completo privada, destinada a los pequeñoburgueses y cuentapropistas. Además, se contemplaba acelerar la reforma agraria, afectando las grandes propiedades particulares con el propósito de establecer sobre ellas formas cooperativas de producción, y a la vez reorganizar a los minifundistas y defender las comunidades indígenas mapuches. Pero una vez electo Allende, los elementos derechistas en el Congreso Nacional impidieron que se aprobara la ley sobre las tres áreas de la economía. Además, falsamente acusaron al detentor del poder ejecutivo de querer estatizarlo todo. En respaldo al presidente de esa república sudamericana, Fidel Castro visitó Chile,[1] donde insistió —en sus innumerables intervenciones públicas— que en las condiciones de ese país no había proyecto revolucionario mejor que el de la Unidad Popular. Esta, en los comicios parciales de marzo de 1973, obtuvo resultados aún mejores, lo que reafirmaba el apoyo de las masas al proceso de transitar a otra sociedad. Entonces, un grupo de generales-traidores se apresuró a promover un golpe de Estado con el regimiento blindado Tacna.

Pero la jefatura constitucionalista del ejército y el rechazo de las masas lo hicieron fracasar. Para sorpresa generalizada de la ciudadanía, que exigía la depuración de las Fuerzas Armadas, el gobierno nada hizo. Dejó incólumes sus mandos y estructuras, lo cual dio seguridad a la reacción, que pasó a la ofensiva. Se realizaron allanamientos a la militancia progresista y se obligó a renunciar al jefe del ejército, sustituido por Augusto Pinochet. Este ordenó el 11 de septiembre de 1973 el ataque al Palacio de la Moneda, o sede presidencial, donde Salvador Allende murió con un arma en la mano. Se evidenció, así, que la Unidad Popular no tenía un plan de lucha para defender a su gobierno, lo cual posibilitó la rápida victoria de los conjurados, que implantaron el fascismo militar.

La segunda etapa de la colaboración internacionalista cubana en África empezó tras la llamada Revolución de los Claveles en Portugal,[2] cuando el MPLA anunció que proclamaría la independencia de Angola el 11 de noviembre de 1975. Para impedirlo, las tropas de la Sudáfrica del *apartheid* invadieron ese territorio —aún colonial— el 14 de octubre, y se enrumbaron velozmente hacia Luanda, la capital. Entonces, Neto pidió ayuda a Fidel, que hacia allá trasladó al comandante Raúl Díaz Argüelles. Este había encabezado, hasta ese momento, el contingente internacionalista que luchaba junto a los guerrilleros del Partido Africano por la Independencia de Guinea y Cabo Verde (PAIGCV), fundado por Amílcar Cabral.[3] Aunque Díaz Argüelles murió al principio de las operaciones militares de la vanguardia, los 36 000 cubanos que fueron llegando detuvieron a los agresores racistas. Después, esas tropas hicieron retroceder a los invasores hasta la frontera con Namibia, colonia sudafricana donde los racistas se refugiaron. En abril de 1976, Raúl Castro —ministro de las Fuerzas Armadas Revolucionarias (FAR)—

llegó a la República Angolana, para preparar el paulatino retorno de los combatientes cubanos. Estos, antes de retirarse, deberían entrenar militarmente a 20 000 revolucionarios africanos. Esa fuerza estaba compuesta por los independentistas namibios agrupados en la South West África Peoples Organization (SWAPO), así como por los batallones conocidos como Lanza de la Nación. Ese era el nombre del brazo armado del African National Congress (ANC), ilegalizado partido político de los negros sudafricanos que luchaban contra el segregacionista *apartheid*. En ese contexto de victorias, Fidel acometió en marzo de 1977 una triunfal y prolongada —casi un mes— gira política por África. Esta incluyó Argelia, Libia, Guinea (Conakry), Yemen Democrático, Somalia, Etiopía, Tanzania, Mozambique y Angola. En todas partes se aclamó su extraordinaria dedicación al internacionalismo revolucionario, y su perseverante defensa de los oprimidos y explotados del mundo.

A principios de 1978, antes de que culminase el programado regreso de los soldados cubanos a su isla caribeña, Fidel recibió otra urgente solicitud de apoyo. Se trataba de los revolucionarios que en Etiopía habían derrotado al Imperio de Haile Selassie e instituido una república. Esta enfrentaba una ofensiva de la vecina Somalia, que deseaba anexarse el territorio de Ogaden, mediante una agresión condenada por la Organización de la Unidad Africana. Y hacia allá envió Fidel 12 000 combatientes, quienes en cuarenta y dos días de continuo batallar derrotaron a los invasores.

En Nicaragua, a principios de 1978, el asesinato por el régimen somocista del prestigioso dirigente conservador Pedro Joaquín Chamorro[4] dividió a la burguesía e indignó a toda la población. A partir de entonces los nicaragüenses afluyeron de forma masiva a las filas de los guerrilleros, quienes habían eludido las tendencias «foquistas» o «vanguardistas» y «militaristas» —que habían permeado otros movimientos armados—, y cuyos efectivos se multiplicaron en campos y ciudades.

A mediados del año siguiente, la dirigencia del Frente Sandinista de Liberación Nacional (FSLN) decretó una huelga política general, tras lo cual el 9 de junio estalló en Managua una insurrección popular. Entonces se constituyó un Gobierno Provisional que proclamó cuatro principios rectores: no alineamiento internacional, relaciones con todos los países del mundo, autodeterminación de las naciones, estatización de los bienes somocistas así como de la banca, el comercio exterior, la minería y las tierras ociosas. Con esos preceptos, el 19 de julio de 1979, triunfó la insurrección. A la semana, la Dirección Nacional Conjunta del FSLN celebró en Cuba otro aniversario del ataque al Cuartel Moncada, junto a Fidel. Era una manera de expresar su agradecimiento, a quien tanto había ayudado a la rebeldía sandinista. Ese extraordinario triunfo revolucionario, a su vez, acicateó la lucha del Frente Farabundo Martí por la Liberación Nacional (FMLN), en el contiguo El Salvador. En ese pequeño país, a pesar de la enorme ayuda militar de Estados Unidos a las tropas gubernamentales, el movimiento guerrillero continuaba su expansión. A ello contribuyó Fidel Castro, cuando les envió una parte de las armas norteamericanas recuperadas por los vietnamitas, después de la caída de Saigón.

La Junta presidida por Daniel Ortega comenzaba a cumplir el programa prometido, cuando Nicaragua se vio afectada por la agresividad de los Estados Unidos. El gobierno de Ronald Reagan ordenó a la CIA minar puertos y sabotear industrias, a la vez que el ejército estadounidense implantaba bases en la vecina Honduras. Allí se engendraron bandas de contras que incursionaban dentro del país asolando y destruyendo todo.

Pero con la solidaria colaboración cubana, los sandinistas derrotaron a los mercenarios. En los sangrientos choques armados perecieron 60 000 personas, en una población que no rebasaba los 4 millones de habitantes. A pesar de ello, el FSLN convocó a una Constituyente, la cual estableció el pluralismo político —funcionaban once partidos—, tripartición de poderes, economía mixta, sexenios presidenciales.

En Angola la situación militar cambió sensiblemente en 1987, cuando el ejército sudafricano avanzó hasta acorralar las más capacitadas unidades angolanas en Cuito Cuanavale. Fidel envió como refuerzo a los mejores efectivos de las Fuerzas Armadas cubanas, cuyo número llegó a totalizar 52 000 soldados. Al mando se encontraba Leopoldo Cintra Frías —futuro ministro de las FAR—, quien llegó con los armamentos más sofisticados. Entre ellos sobresalía la aviación, cuya superioridad en el aire facilitó la heroica resistencia contra los racistas. Luego de más de cuatro meses de férrea defensa, Fidel —desde el puesto de mando de su Estado Mayor en Cuba— ordenó una ofensiva relámpago. Los tanques, infantería, aviones y artillería de las tropas cubano-angolanas se lanzaron hacia el sur en un impetuoso avance, quizás indetenible en la propia frontera. Sudáfrica solicitó entablar negociaciones, que terminaron en unos Acuerdos de Paz, firmados en la ONU, el 22 de diciembre de 1988. En ellos se reconoció la independencia de Namibia y de hecho se condenó a muerte el régimen del *apartheid*. Nelson Mandela, líder del ANC, después de veintisiete años en la cárcel, fue liberado.[5] A los pocos meses visitó La Habana, donde a Fidel Castro expresó: «Ningún otro país del mundo tiene una historia de altruismo, como la puesta de manifiesto por Cuba en sus relaciones con África».

El Período Especial: causas y consecuencias

En otras partes del mundo los acontecimientos políticos no se perfilaban bien. En Nicaragua, en 1990, los sandinistas perdieron las elecciones generales,[1] y casi al mismo tiempo la Unión Soviética empezó su proceso desintegrador. Esto último tuvo graves consecuencias para Cuba, que a los dos años de la Zafra de 1970 se había incorporado al Consejo de Ayuda Mutua Económica (CAME).

El CAME estaba integrado por la Unión Soviética y los Estados socialistas de Europa. Desde entonces la economía cubana floreció. Se erigieron nuevas capacidades para la extracción y elaboración de mayores volúmenes de concentrado de níquel y cobalto, hasta llegar a proveer la cuarta parte de la producción mundial. Se comenzaron a reciclar los desperdicios de la caña de azúcar en la elaboración de celulosa y papel, se erigió una fábrica que producía cosechadoras mecánicas de caña, se modernizaron los ferrocarriles, se amplió y unificó la red de energía eléctrica. Se incrementó de manera notable el nivel de vida de la población, debido a la venta al CAME —a precios muy ventajosos— de la mayor parte de la sacarosa exportada. Este progreso económico peligró seriamente con la desaparición de la comunidad socialista europea y la desintegración de la URSS. Con ese país Cuba realizaba dos tercios de sus intercambios mercantiles. A ello se unió el recrudecimiento del despiadado bloqueo —económico, financiero y comercial— impuesto a Cuba desde 1960 por Estados Unidos. El congreso norteamericano emitió además las extraterritoriales leyes Torricelli y Helms-Burton, que provocaron en la pequeña república antillana una situación dificilísima. Por ese conjunto de factores la isla socialista padeció una caída —acumulada— del 36% en su Producto Interno Bruto (PIB) en solo tres años.

Fidel decidió que el gobierno asumiese el costo de las vicisitudes, para lo cual se debían mantener —dentro de lo posible— los niveles de ocupación y salario. Ello provocó un déficit fiscal cuya magnitud en 1993 era tres veces y media mayor que cuatro años antes, es decir el 73,2% del PIB.[2] Entonces en el país se reconoció la existencia objetiva de la Ley del Valor —aún en el socialismo—, y Fidel adoptó un Programa de Emergencia Económica denominado Período Especial. Se proponía atenuar las afectaciones a la población, reducir los gastos presupuestarios y priorizar lo que facilitara retomar el proceso de desarrollo. En el ámbito estructural se metamorfoseó la forma de gestionar la propiedad de las granjas estatales, transformadas en Unidades Básicas de Producción Cooperativa (UBPC); su usufructo fue cedido de forma permanente a los colectivos de trabajadores, agrupados así en empresas autogestionadas. A la vez, se entregaron tierras ociosas a decenas de miles de familias y personas, que empezaron a producir, sobre todo para el autoabastecimiento, aunque sus excedentes podían ser vendidos en los nuevos mercados agropecuarios creados. Con estas medidas, en solo doce meses la caída de los precios de venta fue del 50%, pues creció la producción agrícola —en especial de viandas y hortalizas—, que alcanzó entonces los mayores niveles de su historia. Después se reactivó el trabajo por cuenta propia, lo que legitimó la actividad privada en esferas antes reservadas para el Estado, como la producción mecánica y los servicios. Asimismo, se autorizó la tenencia legal de dinero foráneo, que se podía trocar en Casas de Cambio[3] por moneda convertible nacional, con la cual se adquirían mercancías importadas en las nuevas tiendas recaudadoras de divisas. También se aprobó una Ley de Inversión Extranjera, que permitía a capitales de otros países —de forma regulada— establecerse en Cuba, y se acometió la reestructuración del sistema financiero, delimitando las funciones entre el banco central y los comerciales. Esto facilitó la introducción de un nuevo modelo tributario, y que se redujeran paulatinamente los subsidios a las empresas estatales. Por último, se comprendió que en el mercado mundial no había ya espacio para las grandes producciones azucareras cubanas, por lo que se decidió cerrar la mitad menos eficiente de los centrales que procesaban caña. El lugar de esa histórica industria en la economía lo ocuparía el turismo, actividad en la esfera de los servicios que se convertiría en el verdadero motor del desarrollo nacional.

El conjunto de medidas adoptadas —por orientación de Fidel—, con el objetivo de reinsertar a Cuba en el globalizado mercado internacional, provocó un positivo impacto en la recuperación económica del país. Pero al mismo tiempo se afectaron los niveles de equidad alcanzados antes de la crisis de los años noventa. En esta república, sin embargo, Fidel perseveraba en construir una sociedad muy humanista, con impresionante acceso de las masas a la salud y la educación. Ello se reflejaba en una elevada cultura, entendida no solo como acumulación de conocimientos, sino como un nuevo modo de pensar. En este se conjugaban asombrosa dignidad, gran audacia, mucha inteligencia y enorme apego a la realidad. Esos rasgos, y la calidad de vida alcanzada por la población durante el proceso revolucionario, fueron la prueba fehaciente de que mediante la lucha era posible lograr un mundo mejor.

Cuba socialista, a pesar de la persistencia del férreo e inhumano bloqueo estadounidense, continuó siendo una potencia mundial en la salud, con cifras mínimas de mortalidad infantil —4,7 por cada mil nacidos vivos—, y una esperanza de vida de 78 años para los hombres y de 80 para las mujeres. El país contaba con 488 000 trabajadores en la esfera de la salud y con un médico por cada 158 habitantes; en las instalaciones médicas de la Isla estudiaban gratuitamente cerca de 32 000 alumnos de 123 países. Como ayuda internacional, Fidel facilitó, a 21 Estados, 38 brigadas médicas especializadas. El país envió 185 000 médicos en misiones a 103 países. Se realizaron un millón y medio de operaciones oftalmológicas —dentro y fuera de la Isla—. Se donaron 59 centros oftalmológicos a 15 naciones. Y desde el punto de vista del desarrollo farmacéutico, el país producía el 80% de los medicamentos básicos que necesitaba.

En Venezuela, el 27 de febrero de 1989 se produjo un colosal estallido de violencia popular conocido como El Caracazo. Las masas, que protestaban contra el gobierno por su programa de ajuste neoliberal, fueron violentamente reprimidas por las fuerzas armadas. Ello engendró en el ejército una tendencia opositora llamada Movimiento Bolivariano Revolucionario (MBR), encabezado por el teniente coronel Hugo Chávez. Este dirigió el 4 de febrero de 1992 un intento de golpe de Estado, cuyas insurrecciones militares —en Caracas, Valencia, Maracaibo y Maracay— fracasaron. Su líder fue condenado a prisión, de la que a los dos años se le excarceló debido a una amnistía. Entonces fue invitado a visitar Cuba por Fidel Castro, junto al cual brindó un impactante discurso en el Aula Magna de la Universidad de La Habana. De regreso a su patria, Chávez se nutrió de su MBR y de civiles revolucionarios para conformar un Movimiento por la Quinta República —en rechazo a la Cuarta, engendrada por el llamado Pacto de Punto Fijo—, que prometía una Constituyente en caso de ganar las elecciones.

A principios de 1999, Chávez ocupó la presidencia y convocó a elaborar una constitución que permitiera transformar el país. Aprobada por el 72% de los votantes, su texto establecía un ejecutivo fortalecido, mayor control estatal sobre la economía y disposiciones que permitían realizar transformaciones en el desarrollo agrario y de los hidrocarburos. Pero el disgusto reaccionario condujo a un intento de golpe contrarrevolucionario cívico-militar, que fue derrotado por la actividad del pueblo en las calles junto a unidades institucionalistas del ejército. En ese momento, Chávez clamó por una sociedad «rumbo al socialismo del siglo XXI», como se empezaba a denominar a la concepción que se oponía a los elementos más retardatarios o derechistas de la sociedad. Ello se lograría mediante una alianza social o electoral interclasista, que empujase en el sentido del progreso mediante un sistemático proceso de continuidad y ruptura, como los antes concebidos para los Frentes Populares. Pero ahora dicha política no estaría encabezada por la burguesía, sino por los elementos más revolucionarios de la sociedad. El objetivo era multiplicar los gastos sociales —escuelas, policlínicas, carreteras, viviendas, agua, electricidad—, y elevar los salarios mínimos. Los partidarios de dicha tendencia defendían las libertades individuales, pero también las inherentes a los movimientos sociales. Asimismo, creían en los procesos electorales con diversos partidos, entre los cuales existiera un tolerante respeto durante los debates públicos. Después, Chávez viajó a Cuba, para firmar con Fidel un proyecto de integración.

Agresiones imperialistas e integración latinoamericana

Fidel Castro, desde el triunfo de la Revolución Cubana, estaba consciente de lo imperioso que resultaba, en nuestra región, rechazar la hegemonía imperialista de Estados Unidos mediante la integración latinoamericana. Por eso en su visita al Río de la Plata en 1959, planteó: «Unámonos primero en pos de nuestros anhelos económicos, en pos del mercado común y después podremos ir superando las barreras aduaneras, y algún día las barreras artificiales habrán desaparecido. Que en un futuro no muy lejano, nuestros hijos puedan abrazarse en una América Latina unida y fuerte. Ello será un gran paso de avance hacia la unión política futura, como fue el sueño de nuestros antepasados».

Estados Unidos siempre estuvo decidido a revertir el proceso revolucionario cubano. Por eso en 1959 convocó a reuniones de consulta en la OEA, con el propósito de afianzar la proverbial «democracia representativa» y evitar que la isla rebelde tomara un camino independiente. Al año, cuando se organizaba la Asociación Latinoamericana de Libre Comercio (ALALC), y Cuba solicitó su incorporación, el gobierno estadounidense lo impidió. A la vez, le suspendió a la Revolución Cubana el suministro de combustible, le prohibió la venta de su azúcar en el tradicional mercado norteamericano, rompió relaciones diplomáticas, impuso un bloqueo económico absoluto, alentó la organización de atentados[1] y sabotajes,[2] equipó a grupos de insurrectos contrarrevolucionarios.[3] El fracaso de estos empeños indujo al gobierno estadounidense a disponer que la CIA preparase un ataque mercenario en abril de 1961. Pero tras la victoria revolucionaria en Playa Girón, Estados Unidos logró en la VIII Reunión de Cancilleres de la OEA —Punta del Este, febrero de 1962— que se expulsara a Cuba de esa organización. Además, todos sus miembros debían romper relaciones con la república socialista. Con esto, el presidente norteamericano preparaba las condiciones para una invasión militar directa contra la Isla.

Informado Fidel de esos propósitos, se produjo el acuerdo defensivo cubano-soviético de instalar cohetes nucleares en Cuba. Los aviones-espía norteamericanos detectaron dichos misiles y se produjo una seria amenaza de guerra atómica. Entonces, la Unión Soviética y Estados Unidos iniciaron negociaciones, a las que no se invitó a Cuba. Fidel bramó de ira. No aceptaba que se repitiera la historia de 1898 —al final de la Guerra de Independencia—, cuando Estados Unidos impidió la entrada de los mambises en Santiago.[4] Ese país —que ocupó entonces militarmente la Isla— también se opuso a la participación de los cubanos en las conversaciones con España. Y firmó un acuerdo de paz sin independencia. Como dijera el Che, pocas veces ha brillado tanto un estadista, como Fidel en esos «luminosos y tristes días» de la Crisis de Octubre de 1962.[5]

La Revolución encabezada por Fidel Castro tuvo que esperar hasta 1975 para que una asociación integradora del área la incorporase. Fue el Sistema Económico Latinoamericano, que a su vez excluyó a Estados Unidos. La pertenencia de Cuba Socialista al SELA evidenció que, por mediación de un organismo flexible, se podían identificar coincidencias y propósitos comunes. Entre los más notables objetivos del convenio se encontraban: auspiciar la formación de empresas multinacionales latinoamericanas; mejorar la utilización de los recursos naturales, humanos, técnicos y financieros de los países miembros; estimular la producción de cosechas susceptibles de alcanzar la autosuficiencia alimentaria; transformar las materias primas criollas en productos elaborados exportables; defender los precios internacionales del café, el banano y el azúcar. El SELA también llamó al disfrute para todos sus miembros de las concesiones comerciales y arancelarias que estipulara la Asociación Latinoamericana de Integración. Esta se organizó en 1980 para sustituir a la ALALC, y a diferencia de su predecesora, incorporó a Cuba como integrante plena.

En 1990, Fidel Castro se propuso que América Latina superase las consecuencias políticas de la desaparición de la Unión Soviética. Para lograrlo, concibió un movimiento que aglutinase a la mayor cantidad posible de revolucionarios y demócratas. Por ello invitó a Cuba al prestigioso Luiz Inácio *Lula* da Silva, fundador del Partido de los Trabajadores del Brasil (PT). Esta organización estaba formada por obreros, intelectuales de pensamiento avanzado, líderes sindicales, jornaleros agrícolas, campesinos sin tierra y hasta comunidades religiosas de base. Con ese respaldo, el *trabalhismo* había participado en la Asamblea Nacional Constituyente del Brasil en 1987. Aunque Lula quedó en tercer lugar en las siguientes elecciones presidenciales, el PT comprendió que sin una adecuada política de alianzas no ganaría en semejantes lides. A la vez, sectores empresariales perjudicados por la política gubernamental en ese país favorecían una alianza con Lula, mediante determinados compromisos.

Fidel y Lula acordaron convocar a un encuentro de organizaciones políticas de izquierda latinoamericanas y caribeñas, cuya primera reunión se realizó en Sao Paulo en el propio 1990. Allí, durante tres días se debatió sobre los avances del neoliberalismo en América Latina, así como acerca de la crisis del llamado «socialismo real». Se denominaba así al fallido modelo soviético, estatista, burocrático y monopartidista. Sin embargo, el principal objetivo de este mecanismo de concertación del amplio y diverso conglomerado progresista consistía en demostrar que existían en la región posibilidades para impulsar procesos de una mayor justicia social e igualdad de oportunidades. El Foro de Sao Paulo señaló al imperialismo de Estados Unidos como el enemigo fundamental de los pueblos del subcontinente. También acordó que los distintos movimientos u organizaciones aceptaran sus diferencias, y recurrieran al diálogo para superarlas, en búsqueda de posiciones comunes en el camino a sociedades superiores o alternativas al capitalismo. Esto, sin rutas preestablecidas ni modelos únicos. Se planteó, además, que el recurso estratégico para preservar los referidos cambios debería ser la integración plena de los países latinocaribeños. Los asistentes reconocieron que el mayor reto para todos radicaba en lograr la más amplia unidad con el propósito de llegar al poder. No como objetivo, sino como instrumento para rescatar las soberanías nacionales e implementar continuos avances sociales. Así, el postneoliberalismo llegaría a transformarse en lucha anticapitalista, orientada al nuevo socialismo. El Foro desde entonces se convirtió en el principal instrumento de articulación progresista en el mundo.

En 1991, Fidel Castro aceptó que Cuba participase en la primera Cumbre Iberoamericana, en Guadalajara, México. Ello fue trascendente, pues aunque en dicha reunión estuvieron presentes España y Portugal, de la misma se excluyó a Estados Unidos. En ese cónclave se decidió celebrar las cumbres anualmente, a partir del criterio de que la cooperación política implicaba una interacción entre las naciones, con respeto irrestricto a la soberanía, la integridad territorial, la autodeterminación y la independencia e igualdad de todos los países, mediante el acatamiento de sus tradiciones nacionales. Se consideraba que los países latinoamericanos podían seleccionar por sí mismos los mecanismos e instrumentos de gobernación que estimaran pertinentes. En virtud de ello, en la declaración final de la Cumbre se condenó toda legislación unilateral de sesgo extraterritorial, y se repudió la agresiva y anticubana Ley Helms-Burton. Tres años más tarde tuvo lugar otro proceso semejante, al constituirse la Asociación de Estados del Caribe (AEC). En ella, además de Cuba, participaban 12 países del CARICOM, 5 de Centroamérica, así como Colombia, Haití, México, República Dominicana, Surinam y Venezuela. También formaban parte los territorios dependientes de Francia, Gran Bretaña y Holanda. Pero Estados Unidos no autorizó que Puerto Rico e Islas Vírgenes participaran en la AEC. Este convenio se proponía «promover, consolidar y fortalecer el proceso de cooperación e integración regional del Caribe, a fin de establecer un espacio económico ampliado, que contribuyera a incrementar la competitividad en los mercados internacionales y a facilitar la participación activa y coordinada del área en los foros multilaterales».

Fidel Castro y Hugo Chávez crearon en 2004 la renombrada Alianza Bolivariana para América Latina y el Caribe (ALBA), en un empeño por contrarrestar los propósitos de Estados Unidos de imponer a las repúblicas latinoamericanas la Asociación para el Libre Comercio en las Américas (ALCA). El ALBA resultaba novedoso y justo al rechazar la rivalidad o competencia económica, auspiciar la complementariedad productiva e impulsar un comercio avalado por una acertada práctica inversionista.

Además, propiciaba la interconexión energética y de las comunicaciones. A esta atractiva concepción integradora se sumaron: Bolivia[6] —presidida por el indígena Evo Morales y su Movimiento al Socialismo—, Nicaragua[7] —de nuevo sandinista— y Ecuador[8] —en plena Revolución Ciudadana conducida por su presidente Rafael Correa—. Más tarde se incorporaron a la progresista alianza otros países, como Antigua y Barbuda, Dominica, San Vicente y las Granadinas. De esa manera, el ALBA pasó de ser una propuesta teórica a una plataforma de poder, como expresión de la Nueva Izquierda Latinocaribeña. Dicha corriente política tenía espíritu democrático, flexible y abierto, y se adaptaba al contexto propio de cada país; cada uno se gobernaba con su propia forma pues todos eran diferentes. Así, el cambio surgía a partir de concepciones específicas, y por ello podían alcanzar gran éxito. En síntesis, el ALBA era un espacio geopolítico en construcción, que se consolidaba como instrumento fundamental para un mundo mejor.

Enfermedad de Fidel

Una grave e inesperada enfermedad indujo a Fidel Castro a separarse de la jefatura del Partido así como de la presidencia de los Consejos de Estado y de Ministros, a mediados de 2006. Para dichos cargos fue designado su hermano Raúl, hasta entonces ministro de las prestigiosas Fuerzas Armadas Revolucionarias, y siempre considerado por la población como su posible relevo. El general Raúl Castro, ya presidente, hizo evidente la necesidad de actualizar el modelo económico del país; tenía el objetivo de superar por completo las secuelas de la desaparición del campo socialista europeo. En el año 2011, al celebrarse el VI Congreso del Partido Comunista, el salario promedio real en las empresas e instituciones estatales solo representaba el 26% del devengado dos décadas atrás. En esos veinte años, la apertura al turismo y a la inversión extranjera, las remesas y otras medidas de reforma habían contribuido a que la Isla se reinsertara en el mercado internacional, y a la vez detenido la abrupta caída de su actividad económica nacional. Pero ni esos cambios, ni los acuerdos con Venezuela desde 2004, habían logrado reponer la pérdida del poder adquisitivo de los salarios estatales. Por eso en el cónclave partidista —previa consulta con la población— se decidió impulsar un programa de mayor eficiencia del gasto fiscal, que incluía disminuir y reorganizar las estructuras y funciones del Estado, del gobierno y del Partido. Esto daba continuidad a las transformaciones iniciadas por Fidel Castro a principios de los años noventa del siglo XX, y las enriquecía con medidas como la nueva entrega de tierras ociosas en usufructo a productores individuales y colectivos, una mayor apertura al trabajo por cuenta propia y a la microempresa, la expansión de las cooperativas —dentro y fuera de la agricultura—, con la creación incluso de las de «segundo grado», dedicadas a proveer servicios y a las actividades de comercialización. Así, el sector no estatal llegaría a engendrar hasta las dos quintas partes del PIB cubano. Además, se otorgaría autonomía a las empresas estatales y se suprimirían los subsidios a las que funcionaran con pérdidas, se transformaría el sistema de gestión de la economía, se crearía la Contraloría General de la República para supervisar los gastos estatales y se lucharía contra la corrupción. También se eliminarían prohibiciones en el mercado interno, se concedería mayor poder a las asambleas electas provinciales y municipales, así como a los gobiernos emanados de ellas.

En cumplimiento de los acuerdos del referido congreso, en el año 2012 se limitó a dos quinquenios el período para ejercer los cargos gubernamentales y partidistas, se estableció la posibilidad de que trabajadores privados —o por «cuenta propia»— arrendaran locales estatales, fuesen restaurantes y cafeterías o barberías y peluquerías u otros. Dicho sector emergente, a mitad de año, agrupaba a medio millón de personas, a los cuales se les impartían cursos de administración, contaduría y mercadotecnia para que sus negocios funcionaran con eficiencia. Luego se estableció una nueva Ley Tributaria con impuestos sobre la renta y las ventas o los servicios, así como por la contratación de fuerza laboral con su correspondiente —y obligatoria— Seguridad Social. Después se amplió hasta 67 hectáreas la cantidad de tierras estatales ociosas susceptibles de entregarse en usufructo a campesinos privados, con derecho a construir en dichas fincas sus viviendas familiares. De esa forma se repartieron un millón y medio de hectáreas a 170'000 beneficiados. A fines de año se emitieron nuevas regulaciones migratorias, que suprimieron restricciones y simplificaron los trámites para los cubanos, a la vez que para estos se autorizó la compra-venta de viviendas[1] y autos en el país. A empresas extranjeras se les permitió invertir —además de en la minería, telecomunicaciones y otras actividades seleccionadas— en la industria azucarera, lo cual fue acometido por compañías de Brasil e Inglaterra.[2] Asimismo, en este sector varias entidades foráneas invirtieron en la generación de electricidad a partir del bagazo de la caña de azúcar y de la leña de marabú, arbusto abundante en los campos de la Isla. También, como otra forma de gestión no estatal, empezó la conformación de cooperativas en sectores como el transporte, la gastronomía, la pesca, los servicios personales y domésticos, la recuperación de materias primas, la producción de materiales y los servicios de la construcción. Al comenzar el 2013, el gobierno cubano anunció que en el futuro se acometerían nuevas transformaciones revolucionarias. Como dijera Raúl, se deseaba construir en Cuba un «socialismo próspero y sustentable».

El estrechamiento de vínculos interlatinoamericanos alcanzó otro hito cuando, en noviembre de 2008, Cuba oficialmente ingresó en el llamado Mecanismo Permanente de Consulta y Concertación Política —más conocido como Grupo de Río—, que era el distante heredero del Grupo de Contadora. Este había surgido en 1983, cuando Estados Unidos apoyaba a la contra para derrotar al sandinismo. Entonces varios países caribeños —México, Venezuela, Colombia y Panamá, presidido por Omar Torrijos—,[3] con el apoyo de Fidel Castro, se reunieron en la isla Contadora para erigirse en grupo mediador. Se proponían extraer los conflictos de América Central de la contraposición Este-Oeste engendrada por la Guerra Fría. Era un anticipo de la emancipación político-diplomática del subcontinente.

La marcha unitaria de América Latina alcanzó su cima cuando Brasil —ya presidido por Lula— convocó a celebrar en diciembre de 2008 la Primera Cumbre de América Latina y el Caribe. En dicha reunión, por primera vez desde la consecución de la independencia contra las metrópolis coloniales, los 33 países que integran la región —con la notable presencia de Cuba— se reunieron sin participación foránea, fuese de Estados Unidos o Europa. En dicho cónclave se emitió una Declaración Final, en la que se expresaba total acuerdo en la defensa de la soberanía de las naciones latinoamericanas, el derecho de los Estados a construir su propio sistema político, libre de amenazas y agresiones o medidas coercitivas; se subrayaba que siempre debería prevalecer un ambiente de paz, estabilidad, justicia, democracia y respeto a los derechos humanos, con igualdad soberana de los Estados y solución pacífica de las controversias. En esa Primera Cumbre también se emitió una declaración especial sobre la necesidad de poner fin al bloqueo financiero, comercial y económico —incluida la aplicación de la Ley Helms-Burton— impuesto por el gobierno de Estados Unidos contra Cuba. En dicho ámbito, el presidente ecuatoriano Rafael Correa propuso que el llamado Grupo de Río se transformara en Organización de Estados Latinoamericanos y Caribeños, sin participación alguna de cualquier país ajeno a la región. En concordancia con esa propuesta, México realizó la convocatoria para celebrar en febrero de 2010 otra Cumbre de América Latina y el Caribe, que tendría lugar simultáneamente —en su caribeña Riviera Maya— con una reunión del Grupo de Río. Y en dicho cónclave, el día 23, ambas entidades se fusionaron en la Comunidad de

Estados Latinoamericanos y Caribeños (CELAC). Esta novedosa organización debería promocionar el desarrollo sostenible regional, e impulsar los intereses del área en los foros globales ante acontecimientos de relevancia mundial. Ello implicaba un gigantesco paso de avance en cumplimentar los bicentenarios anhelos de integración latinocaribeña. Luego, Cuba fue designada para ocupar la presidencia *pro tempore* del ascendente bloque integrador durante 2013. Y al final de ese año, con todo éxito, se celebró en La Habana la Segunda Conferencia de mandatarios de la región.

La importancia del surgimiento de la CELAC se manifestó en el contexto internacional. Esta agrupación integracionista en poco tiempo forzó a Estados Unidos a reconsiderar su sistemática política de hostilidad contra la Revolución Cubana. Se evidenciaba que en el hemisferio —y en el resto del mundo— las pretensiones estadounidenses de aislar a Cuba no habían funcionado; en ese aspecto el gobierno de Washington se encontraba solo, mientras que el de La Habana atraía las simpatías de toda la humanidad. Ello se reiteraba en las casi unánimes votaciones anuales de la Asamblea General de la ONU contra el bloqueo económico, comercial y financiero aplicado por los poderosos Estados Unidos contra el pequeño Estado caribeño.

En semejante situación, el 17 de diciembre de 2014, el presidente Barack Obama reconoció públicamente que la agresiva política estadounidense hacia Cuba había fracasado, luego de medio siglo de ser aplicada. Y anunció el deseo de enrumbar su país hacia la normalización de relaciones con la vecina república antillana. Raúl Castro estuvo de acuerdo con el nuevo enfoque y propuso adoptar medidas mutuas para mejorar los vínculos bilaterales, aunque reconoció que entre ambos gobiernos existían profundas diferencias en materia de soberanía nacional, democracia, derechos humanos y política exterior. El presidente cubano precisó además que el restablecimiento de relaciones diplomáticas era solo el inicio de todo un proceso, cuya culminación se alcanzaría con el cese del bloqueo contra Cuba, la devolución del territorio ilegalmente ocupado por la Base Naval de Guantánamo y la compensación al pueblo cubano por los daños humanos y económicos debidos a la injustificable agresividad imperial llevada a cabo durante más de cincuenta años.

Obama no logró que el Congreso estadounidense levantara el bloqueo ni devolviera la ilegal base de Guantánamo. Tal vez por eso decidió, en gesto de buena voluntad, viajar a La Habana. Allí, del 20 al 22 de marzo de 2016, se entrevistó con Raúl Castro. Dicha visita a Cuba Socialista, como las realizadas por casi todos los mandatarios del mundo y hasta las de tres Papas de la Iglesia Católica,[4] representaba el mayor reconocimiento a la justeza y valía de la heroica gesta llevada a cabo por el pueblo cubano. Esta la había conducido Fidel Castro, legendario revolucionario internacionalista devenido en mito político universal. La personalidad más trascendente del siglo XX en América Latina.

Notas

Formación política de Fidel

1. En Córdoba, Argentina, el 21 de junio de 1918, el movimiento estudiantil emitió el Manifiesto Liminar, que reclamaba una reforma a la educación superior escolástica. También exigía el surgimiento de una Federación Universitaria, que tuviese capacidad gubernativa paritaria con los profesores en los altos centros de estudio. Estos contarían con sus propias finanzas y policía, pues no se permitiría la entrada en los recintos universitarios de efectivos uniformados ajenos. En síntesis, los partidarios de la Reforma Universitaria en América Latina aspiraban a crear una especie de mini Estado autónomo al interior de sus repúblicas.
2. Se denominaba así, porque el Congreso de Washington —antes de permitir que surgiera la República en 1902— le impuso a Cuba la infame Enmienda Platt. Esta anunciaba el supuesto derecho de Estados Unidos a invadir la Isla cuando lo estimara pertinente, e implantaba en ella la poderosa base naval de Guantánamo, desde la cual su marina de guerra preponderaría en el Caribe.
3. Durante la prolongada ocupación estadounidense, los dos gobernadores militares de la Isla rebajaron las tarifas arancelarias a las importaciones norteamericanas. También dictaron medidas —como las órdenes 34 y 62— para favorecer a los inversionistas de ese vecino país. En virtud de ello, en 1902, mientras los cubanos eran dueños de un 25% de la propiedad rural, y los españoles de un 15%, los estadounidenses poseían el 60%. Entre dichos intereses sobresalían los de la United Fruit Co. (UFCO) y la Cuban American Sugar Co. Desde ese momento, ningún país latinoamericano albergó tantas inversiones yanquis como las existentes en Cuba.
4. Nacido en La Habana, tenía quince años cuando empezó en la provincia de Oriente la Guerra de los Diez Años (1868-78). A los pocos meses, debido a su filiación independentista, fue enviado a las canteras a picar piedras, con cadena y grillete en la pierna. Exiliado en

México, escribió en el periódico *El Socialista* hasta que un golpe militar lo expulsó del país. Luego forjó una amalgama multiclasista en su Partido Revolucionario Cubano, cuyo principal sostén era la clase obrera liderada por los tabaqueros. Martí desató la Guerra de Independencia en febrero de 1895 y a los tres meses cayó en el combate de Dos Ríos. La víspera había escrito: «[…] ya estoy todos los días en peligro de dar mi vida por mi país, y por mi deber —puesto que lo entiendo y tengo ánimos con que realizarlo— de impedir a tiempo con la independencia de Cuba que se extiendan por las Antillas los Estados Unidos y caiga, con esa fuerza más sobre nuestras tierras de América. Cuanto hice hasta hoy, y haré, es para eso».

5. General durante la Guerra de Independencia (1895-1898). Al ser electo presidente en 1925, la república albergaba 1 500 millones de dólares en inversiones estadounidenses, en un país con menos de 4 millones de habitantes. El enorme costo social de sus medidas gubernamentales engendró una oposición popular generalizada, que Machado trató de aplacar mediante un terror ilimitado.

6. Vladimir Ilich Lenin, líder comunista del Partido Bolchevique Ruso, que realizó la Revolución de Octubre en 1917 en el antiguo Imperio de los Zares, transformado más tarde en Unión Soviética.

7. La Tercera Internacional fungía como el Partido de los revolucionarios contra el mundo burgués. Los comunistas de cada país debían cumplir con determinadas condiciones antes de solicitar su ingreso en la KOMINTERN, como también se le llamaba. Luego, esas novedosas organizaciones políticas fungían como secciones nacionales que debían cumplimentar las orientaciones emanadas de Moscú, donde se encontraba la sede de dicha agrupación.

8. Mella, en su último discurso sobre Nicaragua —antes de caer asesinado—, dijo: «Así como la Comuna de París demostró que el proletariado era capaz de tomar el poder revolucionario y conservarlo en sus manos —cosa que después realizó la Revolución Rusa—, el movimiento de Sandino es precursor del movimiento revolucionario en toda la América Latina contra el imperialismo y […] sus lacayos».

9. El presidente nicaragüense José Santos Zelaya rechazaba las pretensiones hegemónicas de Estados Unidos; pretendía construir un canal alternativo a la vía interoceánica recién inaugurada por los norteamericanos en Panamá. A esta novel república istmeña, los estadounidenses le habían impuesto una exclusivista zona canalera, dominada por ellos.

10. La Guardia Nacional, organizada por Estados Unidos y comandada por Anastasio Somoza, aceptó los Acuerdos de Paz firmados con Sandino. Pero una vez desmovilizado el EDSN, comenzó el hostigamiento

a sus antiguos integrantes. Sandino decidió entonces denunciar semejantes atropellos ante el presidente de la República. Poco antes de partir hacia la capital escribió: «Yo de un momento a otro muero. No cumplieron los compromisos del arreglo de paz. Nos están asesinando a nuestros hermanos por todas partes. Voy a Managua: o arreglo la situación o muero, pero esto no es de quedarse con los brazos cruzados». El propio 21 de febrero de 1934, Anastasio Somoza comunicó a su Estado Mayor que «en la Embajada americana me han asegurado que el gobierno de Washington respalda y recomienda la eliminación de Augusto César Sandino». Ese día, tras haberse entrevistado con el presidente de la República, Sandino fue arrestado junto a sus cuatro compañeros y trasladado hasta un sitio llamado La Calavera. Allí, frente a una zanja excavada con anterioridad, se les ametralló.

11. Manolo Castro fue asesinado en Cuba en 1948 por un grupo rival en política. Tiene un busto erigido a su memoria en la Universidad de La Habana.
12. Tras el golpe de Estado de Batista, Masferrer se alió con el dictador y conformó un grupo terrorista paramilitar conocido como Los Tigres. Al triunfo de la Revolución huyó a Estados Unidos, donde murió en un atentado perpetrado en octubre de 1975 por un grupo rival de la mafia contrarrevolucionaria.
13. Fue condenado a prisión por los Sucesos de Orfila (explicados más adelante en el texto) y otras acciones delictivas que había cometido.
14. El 13 de marzo de 1957 dirigió el ataque del Directorio Revolucionario al Palacio Presidencial, donde murió.
15. Dirigió la expedición del yate *Corinthia,* tras cuyo desembarco en Oriente, sus integrantes fueron masacrados por los soldados de Batista.
16. Se incorporó a la revolución fidelista y alcanzó altos grados en sus Fuerzas Armadas. Tras su jubilación o retiro, desertó del país.
17. Murió en enfrentamiento armado con enemigos suyos.
18. En 1956 se refugió en República Dominicana. De allí salió rumbo a Cuba en 1961, con propósitos contrarrevolucionarios vinculados al ataque mercenario por Playa Girón. Capturado, se le condenó a la pena capital.
19. Estados Unidos en 1916 desembarcó en República Dominicana, derrotó al ejército constitucional y enfrentó la actividad guerrillera de los patriotas, a quienes se les conocía como «gavilleros». Para combatir contra ellos, los ocupantes crearon la Guardia Nacional, a cuyo frente quedó Rafael Leónidas Trujillo, quien impuso al país su despiadada tiranía.

20. Murió en el ataque al Palacio Presidencial el 13 de marzo de 1957.
21. Fundador del Directorio Revolucionario y asaltante de Radio Reloj —el 13 de marzo de 1957— junto a José Antonio Echevarría, presidente de la FEU. José Antonio se había comprometido en México con Fidel a luchar contra la tiranía. Murió en esta acción, tras la cual Batista clausuró definitivamente la Universidad de La Habana. Rodríguez Loeches, después de ser excarcelado, participó en la apertura del frente guerrillero del Escambray, en Las Villas. Luego del triunfo revolucionario fungió como diplomático, hasta su muerte en Cuba.
22. Tras el ajusticiamiento de Trujillo en 1961, regresó a República Dominicana, donde al año fue electo presidente. Depuesto del cargo por el golpe militar del 25 de septiembre de 1963, marchó nuevamente al exilio. En abril de 1965, una sublevación popular encabezada por el coronel Francisco Caamaño Deñó —aliado con el M-14-J— intentó devolverle la presidencia. Pero la invasión militar de Estados Unidos lo impidió. En septiembre de ese año regresó a Santo Domingo, donde continuó sus actividades políticas y literarias. Escribió el importante libro: *De Cristóbal Colón a Fidel Castro: El Caribe, frontera imperial*. El Consejo de Estado de la República de Cuba le otorgó dos Órdenes, por sus méritos. Murió en su país en noviembre del año 2001.
23. Región oriental donde preponderaban las plantaciones de la United Fruit Co.
24. Carismático dirigente político que se suicidó en público, al no poder demostrar acusaciones que había formulado contra autoridades del corrupto gobierno del presidente Prío.
25. Caudillo de la Unión de Izquierda Revolucionaria. Se hizo famoso por su apasionada defensa de los trabajadores bananeros en lucha contra la United Fruit. En 1938 disolvió su UNIR y se integró al Partido Liberal, cuya izquierda amalgamó. En las elecciones presidenciales de 1946 presentó un avanzado programa que incluía reforma agraria, capitalismo de Estado, mejoras para los sectores urbanos humildes. Pero la derecha de ese partido presentó una candidatura paralela, e impidió así su triunfo.
26. Luego del vuelco que a la Segunda Guerra Mundial dio la victoria de la Unión Soviética sobre los ejércitos de la Alemania nazi en Stalingrado, a principios de 1943, la Tercera Internacional acordó disolverse para brindar alguna tranquilidad a los aliados occidentales, aterrados con el avance soviético hacia el Oeste.

27. John Foster y Allen —importantísimos accionistas de la United Fruit— eran Secretario de Estado y Director de la CIA —respectivamente— en el gabinete del presidente Dwight D. Eisenhower (1952-60).

Hacia la toma del poder

1. Al triunfo de la Revolución ocupó elevadas responsabilidades, hasta su muerte.

Triunfo de la rebelión e inicio de la Revolución

1. «Conversaciones con los Estudiantes de la Universidad de Concepción, Chile, el 18/11/1971», en: *Cuba-Chile: Encuentro de dos Procesos*, Ediciones Políticas, La Habana, 1972, p. 268.
2. Luego de que desertara de la Revolución, el presidente de los Estados Unidos le nombró al frente del equipo de expertos que diseñó la Alianza para el Progreso, alternativa burguesa a la Revolución Cubana.
3. A los antiguos propietarios se les indemnizó acorde con el año de construcción del inmueble; mientras más nuevo, mayor era el monto a cobrar.
4. Esa ley contemplaba una compensación a los dueños foráneos, representados por sus respectivos Estados. Así, con Canadá, España, Francia, Gran Bretaña, Holanda e Italia, la Revolución estableció acuerdos justos y a largo plazo. El valor de las propiedades se estableció a partir de lo que se había previamente declarado al fisco —en función de los impuestos—, lo cual evitó cualquier litigio. Pero Estados Unidos exigió el pago inmediato, en dólares norteamericanos y a los montos que establecieran sus antiguos propietarios, lo cual era inaceptable para el gobierno cubano. Además, Cuba no tenía divisas, porque Batista —al huir el 31 de diciembre de 1958— había dejado las arcas nacionales vacías.
5. Se establecía el pago en bonos a largo plazo a los dueños expropiados, y así se llevó a cabo, inspirados en la experiencia guatemalteca, durante su Reforma Agraria.
6. La extrema izquierda de esta organización política no se satisfizo con la integración de las fuerzas revolucionarias; algunos de sus representantes desarrollaron prácticas sectarias durante el proceso unificador. Denunciados por Fidel, recurrieron después a forjar una microfracción al interior del nuevo Partido Comunista, del cual fueron expulsados.

7. A esta le siguió la Campaña por el Noveno Grado (de escolarización), que más tarde fue continuada por la de la enseñanza media superior. Años más tarde, Fidel lanzó el proyecto de universalización de los estudios universitarios. De esa forma, decenas de miles de personas acudieron a los cursos nocturnos para trabajadores, hasta graduarse en las diversas especialidades universitarias. Todo completamente gratuito, al igual que cualquier servicio concerniente a la educación, la salud y el deporte.

Internacionalismo revolucionario

1. Una parte de la oficialidad joven guatemalteca, formada durante los años de gobiernos democráticos, descontenta con la sumisión del país ante el imperialismo —que había establecido en Guatemala importantes bases de contrarrevolucionarios cubanos—, se sublevó el 13 de noviembre de 1960. Tomaron parte en la acción unos 3 000 soldados, dirigidos por 120 oficiales, encabezados por Luis Augusto Turcios Lima. Pero fueron derrotados por los inesperados bombardeos de la fuerza aérea mercenaria cubana, que luego atacaría a la Isla por Playa Girón. Los sobrevivientes se agruparon en el Movimiento Revolucionario 13-N, que recurrió a la lucha guerrillera por Izabal en 1962. El Partido Comunista guatemalteco estructuró entonces su propia fuerza insurgente en Baja Verapaz.
2. La tiranía de *Papa Doc* —François Duvalier—, adalid de la negritud, desde 1957 aterrorizaba a la población con sus Tontons Macutes. Había roto relaciones con el Vaticano e ilegalizado al marxista Parti Entente Populaire, encabezado por el famoso exdirigente estudiantil Jacques Stephan Alexis. Este organizó un grupo armado en Cuba, cuyos integrantes fueron masacrados en 1961 tras desembarcar en su país. Luego, los sobrevivientes estructuraron el Front Democratique Unifié de Liberation Nationale.
3. Entusiasmado por la gesta de Fidel Castro en la Sierra Maestra, en 1958 Ramón Raudales —veterano coronel del sandinista EDSN— reinició el combate guerrillero. Su muerte en un enfrentamiento con la Guardia Nacional sacudió a jóvenes como Carlos Fonseca Amador, quien con cincuenta compañeros recurrió entonces a la lucha armada. Sobreviviente en el primer choque con la tropa somocista, Fonseca marchó a Cuba, de la que regresó en 1960. Pero fue detenido y enviado preso a Guatemala, donde lo encarcelaron en la zona del Petén. Allí trabó amistad con un joven oficial guatemalteco, en quien influyó políticamente y del cual recibió nociones acerca del uso de la dinamita. Se llamaba Luis Augusto Turcios Lima. Luego Carlos Fonseca se fugó de

la prisión guatemalteca, regresó a Cuba y volvió a Nicaragua, donde fundó el Frente Sandinista de Liberación Nacional, que inició el combate guerrillero.

4. La lucha estudiantil en contra de la existencia de la Zona del Canal se incrementó, por ello sus integrantes fueron brutalmente reprimidos por la Guardia Nacional mientras el gobierno suspendía las garantías constitucionales. En febrero de 1959 los obreros respondieron con una huelga general, tras la cual un grupo de cuarenta y cinco jóvenes encabezados por Roberto Arias —hijo de un expresidente— se alzaron en armas en el Cerro Tute. Pero luego de haber realizado un par de exitosas emboscadas, fueron apresados por la Guardia Nacional.

5. El general Alfredo Stroessner había impuesto su dictadura y la mantenía con un constante Estado de sitio, que suspendía la aplicación de todos los derechos constitucionales. Entonces el Partido Comunista y la Juventud Febrerista hicieron surgir el Frente Unido de Liberación Nacional (FULNA) en abril de 1960. El FULNA creó la guerrilla Yororó, cuyo medio centenar de integrantes fueron masacrados. Luego los comunistas crearon el contingente armado Columna Mariscal López, que ocupó la ciudad de Eusebio Ayala (Barrero Grande) en mayo del propio año. Entonces el gobierno, con el financiamiento de la Alianza para el Progreso, trasladó en masa a los campesinos de la zona —que apoyaban a los guerrilleros— hacia regiones despobladas del país. Arrebataron así a los insurrectos la base social de apoyo que los hubiera fortalecido.

6. El partido Alianza Popular Revolucionaria, fundado por Victor Raúl Haya de la Torre, se escindió en octubre de 1959, en su Cuarta Convención. El cisma lo dirigió el joven abogado y economista Luis de la Puente Uceda, quien fundó el Movimiento de Izquierda Revolucionaria que se proponía desarrollar un movimiento guerrillero. A la vez, Hugo Blanco, líder de los sindicatos campesinos orientados por el Partido Obrero Revolucionario, rompió relaciones con la Sección Latinoamericana del Trotskismo Ortodoxo (SLATO) e inició la lucha armada en julio de 1962. Más tarde surgió el Ejército de Liberación Nacional animado por Juan Pablo *El Chino* Chang y Héctor Béjar, quien luego escribió el muy interesante libro *Perú 1965: Apuntes sobre una experiencia guerrillera.*

7. La tiranía del general Marcos Pérez Jiménez fue derrocada mediante una huelga general en enero de 1958. Luego se firmó el llamado Pacto de Punto Fijo entre todos los partidos políticos —menos el comunista, no invitado a participar—, así como la Central de Trabajadores Venezolanos, la Iglesia Católica y el mando superior de las Fuerzas Armadas. Tenía el propósito de resolver cualquier conflicto mediante

comisiones interpartidistas y sindicales, que sustituyeran a las masas en la gestión de la sociedad. También se acordó impulsar la economía según concepciones «desarrollistas», y aplacar las inquietudes campesinas con alguna reforma agraria financiada por la ALPRO. Sin embargo, el presidente Rómulo Betancourt, electo por el Partido Acción Democrática, traspasó los límites acordados para las funciones del poder ejecutivo. Entonces la izquierda de los «adecos» se escindió encabezada por Domingo Alberto Rangel y Américo Martín, para formar el Movimiento de Izquierda Revolucionaria (MIR), de vocación marxista. Después el MIR, la Unión Republicana Democrática y determinados militantes comunistas se aliaron para iniciar el combate guerrillero rural, aunque la población campesina solo ascendía al 28% del total. Las acciones bélicas empezaron en abril de 1962, por el territorio de Lara, seguidas por la apertura de otros frentes guerrilleros.

8. El triunfo de la Revolución Cubana atemorizó a la oligarquía colombiana, que exigió la liquidación de lo que tildaban de «Repúblicas independientes comunistas». Contra esos territorios el gobierno de Bogotá lanzó en 1962 a 7 000 soldados, que fracasaron en sus propósitos. Al poco tiempo, estos guerrilleros se reestructuraron en las Fuerzas Armadas Revolucionarias de Colombia (FARC). A la vez, grupos gaitanistas pidieron transformar la república en el sentido que Cuba lo había hecho, y se unieron a estudiantes de la Brigada de Liberación José Antonio Galán. Todos juntos estructuraron el Ejército de Liberación Nacional (ELN) —que pronto inició la lucha guerrillera—, al cual se incorporó como simple soldado el descollante y popular sacerdote Camilo Torres, quien al poco tiempo murió en combate.

9. La izquierda de la juventud peronista se organizó en el Movimiento Peronista de Liberación Nacional, dirigido por Juan Carlos Díaz —Comandante Uturunco—. Dicho grupo inició la lucha armada en Tucumán en diciembre de 1959, pero fueron dispersados. Después, adeptos al marxismo —sobre todo maoístas— forjaron las Fuerzas Argentinas de Liberación, que llevaron a cabo acciones armadas en diversas ciudades. El Ejército Guerrillero del Pueblo —encabezado por Jorge Ricardo Masetti, Comandante Segundo— se estableció en la región de Salta a finales de 1963, con el propósito de crear una base de operaciones. Pero la mayoría fue liquidada por las tropas gubernamentales. Más tarde surgieron las dos más importantes organizaciones armadas, el Movimiento Peronista Montoneros y el Ejército Revolucionario del Pueblo. Este fue conformado por el extrotskista Mario Roberto Santucho, principal dirigente del Partido Revolucionario de los Trabajadores. Ambas agrupaciones eran grandes admiradoras de la Revolución Cubana.

10. Raúl Sendic —cuyo hijo, que estudió en Cuba, llegaría a vicepresidente del Uruguay— organizó la Unión de Trabajadores Azucareros en la norteña provincia de Artigas. Bajo su dirección, militantes socialistas crearon el Movimiento de Apoyo al Campesinado, que inició la lucha armada. Después, una escisión maoísta del Partido Comunista también acometió el combate guerrillero, pero con énfasis en los enfrentamientos urbanos. Todos, sin embargo, sufrieron constantes reveses, lo cual condujo a los sobrevivientes a estructurarse en el impactante Movimiento de Liberación Nacional (MLN-T). Este utilizó el apellido de Tupamaros, en honor al patronímico empleado por los combatientes del prócer José Gervasio Artigas, quienes lo habían adoptado en recuerdo a la gesta acaudillada por Tupác Amaru en el Perú, a finales del siglo XVIII. Uno de los fundadores del MLN-T, José Mujica, llegó a presidente de la República Oriental del Uruguay.

11. El trotskismo —fundado por el eterno rival teórico de Lenin, León Trotski—, originalmente se opuso al concepto de «alianza obrero-campesina», pues solo aceptaba la insurrección armada de los proletarios, y como recurso extremo o defensivo. Con esos criterios fundó la Cuarta Internacional, que después de la Segunda Guerra Mundial —asesinado ya Trotski— contravino sus tradicionales postulados, y defendió una concepción contraria. Esta afirmaba que se podía obviar a los obreros, y de todas formas llegar al socialismo con el exclusivo apoyo del campesinado. Bajo esos criterios, la Cuarta Internacional creó en Buenos Aires una oficina o buró conocido por el nombre de Secretariado Latinoamericano del Trotskismo Ortodoxo (SLATO).

12. Tras la derrota militar de Egipto en la guerra Árabe-Israelí de 1947, Nasser encabezó el grupo de oficiales que en 1953 derrocó la corrupta monarquía proimperialista. Instituida la república, se nacionalizó el estratégico canal de Suez, lo que provocó la agresión anglo-franco-israelita de 1956, que no triunfó. Desde entonces el presidente egipcio colaboró con los movimientos de liberación anticolonialistas de la región.

13. Jefe de la Policía Nacional Revolucionaria, quien se había distinguido al frente de su batallón en los combates de Playa Girón. Varios miembros de su familia son Mártires de la Revolución. El principal hospital de la capital cubana lleva el nombre Hermanos Ameijeiras.

14. Hasta su muerte, fue destacado integrante del Comité Central del Partido Comunista de Cuba. Con sus vivencias y las de otros revolucionarios, Risquet más tarde escribió un interesante libro sobre las experiencias de los internacionalistas cubanos en África.

15. Su padre había sido un íntimo colaborador de Antonio Guiteras en la Joven Cuba.
16. En Ignacio Ramonet: *Cien horas con Fidel*, suplemento del periódico *Granma*, La Habana, 2006, capítulo 14, p. 14.
17. En esos mismos combates murió el internacionalista Juan Pablo *El Chino* Chang, veterano del ELN peruano.

Revolución e institucionalidad

1. La estancia de Fidel en Chile está muy bien reseñada en el libro: *Cuba-Chile, encuentro de dos procesos.*
2. Fue un movimiento realizado por oficiales democráticos y revolucionarios, que derrocaron en Portugal el régimen filofascista y se negaron a seguir combatiendo en las guerras colonialistas. Como muestra de ello, los soldados colocaban claveles en la boca de sus armas, en símbolo de que por ellas no dispararían balas.
3. Fue asesinado en el exilio por un comando portugués, antes de la Revolución de los Claveles.
4. El terremoto que asoló Nicaragua el 23 de diciembre de 1972 fue la línea divisoria que marcó la descomposición del somocismo. La reconstrucción del país se había convertido en un negocio privado de los privilegiados por el gobierno. Así, la familia del dictador se apropió de cientos de millones de dólares de ayuda proveniente del exterior. Entonces el prestigioso Pedro Joaquín Chamorro, dirigente del Partido Conservador, creó la Unión Democrática de Liberación, que se alió con el Partido Socialista. Pero la nueva coalición no tuvo gran impacto, en momentos en que las guerrillas del FSLN ya alcanzaban considerable importancia. Chamorro publicó en septiembre de 1977 —en su periódico *La Prensa*, el mayor del país— todas las estafas y turbios manejos del proceso de reconstrucción de la capital. Somoza no perdonó la denuncia. El 10 de enero de 1978, Pedro Joaquín Chamorro cayó asesinado.
5. Fue el primer presidente electo en la Sudáfrica postapartheid.

El Período Especial: causas y consecuencias

1. El Servicio Militar Obligatorio establecido para enfrentar la contra, los descomunales gastos en la defensa ocasionados por dicha lucha, el pago de la enorme deuda externa heredada del somocismo, la impresionante hiperinflación que redujo el nivel de vida, las escaseces materiales de todo tipo, la ausencia de ayuda externa —salvo la cubana—,

fueron factores que incidieron en la sorprendente derrota electoral sufrida por los sandinistas, el 25 de febrero de 1990.

2. Antes de comenzar el Período especial, la relación de cambio no oficial —en la calle— del Peso cubano-Dólar era de dos o tres a uno. En poco tiempo, la misma pasó a ser de ciento cincuenta Pesos por un Dólar.
3. La tasa de cambio oficial, en la CADECA, se situó a 24 pesos por un dólar.

Agresiones imperialistas e integración latinoamericana

1. Contra Fidel Castro fueron realizados los principales intentos, desde francotiradores y envenenamientos, hasta otros innovadores procedimientos criminales
2. El de mayor impacto tal vez haya sido el del 4 de marzo de 1960, cuando la CIA hizo explotar en el puerto de La Habana —en el centro de la capital— el barco francés *La Coubre*, cargado de armas belgas para Cuba. Hubo más de cien muertos y centenares de heridos.
3. La CIA organizó cientos de bandas mercenarias, que fueron derrotadas en combate mediante la movilización de cientos de miles de voluntarios, organizados en las milicias populares revolucionarias.
4. Al lugarteniente general del Ejército Libertador, Calixto García, las tropas estadounidenses le impidieron entrar en Santiago. Por eso, cuando Fidel penetró con su Ejército Rebelde en dicha ciudad, exclamó: «Esta vez los mambises sí entrarán en Santiago».
5. Expresión utilizada por el Che en su conocidísima carta de despedida a Fidel, antes de su partida definitiva a su accionar internacionalista en Bolivia.
6. Deshecho el Pacto Militar-Campesino y constituida la Confederación Sindical Única de Trabajadores Campesinos, surgieron las condiciones para que esta firmara con la COB un Pacto Minero-Campesino. Pero dicha alianza de clases carecía de una organización política propia, y dependía de que uno u otro partido dijese representarlos, fuese el MNR o su escisión del MIR y hasta el fraccionado Partido Comunista. La resistencia de los indígenas cultivadores de coca en el Chapare —contra las pretensiones de erradicar ese tradicional cultivo— fue la que engendró el movimiento de Izquierda Unida (IU) dirigido por el aymará Evo Morales. Este metamorfoseó la IU en Movimiento Al Socialismo, que lanzó el lema de «Votar por nosotros mismos» para alcanzar la anhelada sociedad descentralizada, antiestatista y profundamente democrática de sus sueños. Con esa plataforma Evo ganó las elecciones generales con el 53,8% de los votos, y ocupó la presidencia en enero de 2006.

7. Luego de catorce años de oposición a gobiernos neoliberales, el sandinismo inició su recuperación cuando su candidato ganó la importante alcaldía de Managua. Entonces en el país se organizaron tres coaliciones. La encabezada por el FSLN se denominó Gran Unidad Nicaragua Triunfa, la cual incluso acogía a excontras. De esa manera, en 2006 Daniel Ortega regresó a la presidencia, con un programa político orientado hacia un socialismo cristiano y solidario.
8. En 2002, Lucio Gutiérrez —con su llamada Sociedad Patriótica— ganó abrumadoramente las elecciones generales, después de haber ilusionado al pueblo con la imagen de ser un émulo del presidente venezolano Hugo Chávez. Pero al evidenciarse la tendencia proestadounidense del oportunista e improvisado político ecuatoriano, los sentimientos populares se alteraron contra el voluble mandatario. Entonces comenzaron multitudinarias manifestaciones en demanda de su sustitución, que se produjo el 20 de abril de 2005. El vicepresidente —sin filiación partidista— ocupó la primera magistratura y nombró ministro de economía al carismático joven Rafael Correa, fundador del novísimo Movimiento Alianza PAÍS (apócope de Patria Altiva y Soberana). Este propuso su candidatura a los comicios de 2006, con la propuesta de realizar una Revolución Ciudadana que tomara rumbo hacia el socialismo del siglo XXI. Con ese programa ganó la presidencia, que ocupó el 15 de enero de 2007. Al día siguiente acordó con Hugo Chávez un trascendental y estratégico entendimiento, y al final del mismo sentenció: «América Latina no vive una época de cambios, sino un cambio de época».

Enfermedad de Fidel

1. La nueva ley no eliminó la disposición existente de que nadie puede poseer más de una vivienda a su nombre.
2. Uno de los más impactantes ejemplos de la nueva política es la Zona Especial de desarrollo, establecida en el puerto de Mariel, a veinticinco kilómetros al Oeste de la ciudad de La Habana. La inversión inicial fue realizada con un crédito concedido por la exguerrillera y presidenta del Brasil, Dilma Rousef, destacada militante del PT fundado por Lula.

3. Este oficial de la Guardia Nacional panameña había comenzado su politización al nombrársele edecán del general Juan Domingo Perón, derrocado expresidente nacionalista argentino exiliado en Panamá. Torrijos repudió la agresión de las tropas estadounidenses a los estudiantes panameños —que protestaban por la Zona del Canal—, a los cuales les provocaron 21 muertos y 500 heridos. Su indignación fue extrema cuando se le ordenó reprimir a los jóvenes que —por la misma causa— acometían la lucha guerrillera en la región de Ciri Grande. Entonces la Guardia Nacional, dirigida por el ya general Omar Torrijos, derrocó al presidente de turno en el país, disolvió el nada representativo Congreso de la República, suprimió los partidos burgueses, estableció relaciones con Cuba Socialista y la visitó —donde conversó con Fidel Castro—. También amnistió a los presos políticos, dictó una ley de Reforma Agraria, estatizó el monopolio eléctrico Fuerza y Luz, colaboró con la lucha sandinista por derrotar a la tiranía de los Somoza. Pero nada pudo compararse a su vigorosa campaña a favor de establecer la soberanía panameña sobre la Zona del Canal. Esta se desarrolló mediante una enérgica diplomacia, que al cabo de siete años desembocó en el Tratado Torrijos-Carter de 1977. Este revertía paulatinamente —en 23 años— a los panameños todos los derechos jurisdiccionales de la disputada Zona canalera. Murió en un sospechoso accidente de aviación.
4. El último Supremo Pontífice del Vaticano en visitar la isla, el Papa Francisco, junto con el Patriarca de la Iglesia Ortodoxa, Kirill, firmaron en la mayor de las repúblicas antillanas —en febrero de 2016— una declaración conjunta en la que describieron a Cuba Socialista como «un símbolo de esperanza del Nuevo Mundo».

Bibliografía

ALAPE, ARTURO: *El Bogotazo: Memorias del olvido*, Editorial Casa de las Américas, La Habana, 1984.

ÁLVAREZ DE TOLEDO, LUCIA: *The Story of Che Guevara*, Editorial Quercus, Londres, 2010.

ANDERSON, JON LEE: *Che Guevara: A Revolutionary Life*, Editorial Bantam, Londres, 1997.

«Aniversario 90: Suplemento del Boletín Revolución con una selección de sucesos acontecidos durante la vida de Fidel Castro», Oficina de Asuntos Históricos del Consejo de Estado, La Habana, 2016.

BÉJAR, HÉCTOR: *Perú 1965: Apuntes sobre una experiencia guerrillera*, Editorial Casa de las Américas, La Habana, 1969.

BETTO, FREI: *Conversaciones con Fidel Castro: Fidel y la religión*, Publicaciones del Consejo de Estado, La Habana, 1985.

BLANCO CASTIÑEIRA, KATIUSKA: *Fidel: guerrillero del tiempo*, primera parte en dos tomos, Casa Editora Abril, La Habana, 2011.

BOSCH, JUAN: *De Cristóbal Colón a Fidel Castro: El Caribe, frontera imperial*, Alfaguara, Madrid, 1970.

________: *Causas de una tiranía sin ejemplo*, Editora Alfa y Omega, Santo Domingo, 1991.

BUCH, LUIS Y SUÁREZ, REINALDO: *Gobierno revolucionario cubano: primeros pasos*, Editorial de Ciencias Sociales, La Habana, 2004.

CASTRO ESPÍN, ALEJANDRO: *Imperio del Terror*, Editorial Capitán San Luis, La Habana, 2009.

CASTRO, FIDEL: *Pensamiento político, económico y social. La crisis económica y social del mundo: sus repercusiones en los países subdesarrollados*, Oficina de Publicaciones del Consejo de Estado, La Habana, 1983.

_________: *La Historia me absolverá*, Oficina de Publicaciones del Consejo de Estado, La Habana, 1993.

_________: *En esta universidad me hice revolucionario*, Oficina de Publicaciones del Consejo de Estado, La Habana, 1995.

________: *Cien horas con Fidel. Conversaciones con Ignacio Ramonet*, Oficina de Publicaciones del Consejo de Estado, La Habana, 2006.

CHÁVEZ FRÍAS, HUGO: *La propuesta de Hugo Chávez para transformar a Venezuela*, Editorial MVR, Caracas, 1998.

________: *Agenda alternativa bolivariana. Una propuesta patriótica para salir del laberinto*, Imprenta Nacional, Caracas, 2003.

DE ARMAS, RAMÓN; TORRES-CUEVAS, EDUARDO Y CAIRO, ANA: *Historia de la Universidad de la Habana*, 2 tomos, Editorial de Ciencias Sociales, La Habana, 1984.

DUMPIERRE, ERASMO: *Julio Antonio Mella. Biografía*, Editorial de Ciencias Sociales, La Habana, 1977.

GÁLVEZ, WILLIAM: *Che in África*, Ocean Press, Melbourne, 1999.

GEYER, GEORGIE ANNE: *Guerrilla Prince: The Untold Story of Fidel Castro*, Little and Brown Co., Nueva York, 1991.

GLEIJESES, PIERO: *Misiones en conflicto. La Habana, Washington y África: 1959-1976*, Editorial de Ciencias Sociales, La Habana, 2004.

GÓMEZ OCHOA, DELIO: *Constanza, Maimón y Estero Hondo. La victoria de los caídos*, Editora Alfa y Omega, Santo Domingo, 1998.

GONZÁLEZ SANTAMARÍA, ABEL ENRIQUE: *Los desafíos de la integración en América Latina y el Caribe*, Ocean Sur, La Habana, 2015.

GRAU ALSINA, RAMÓN Y RIDDERHOFF, VALERIE: *Mongo Grau: Cuba desde 1930*, Agualarga Editores, Madrid, 1997.

GUEVARA, ERNESTO (CHE): *El diario del Che en Bolivia*, Editora Política, La Habana, 2004.

________: *Pasajes de la guerra revolucionaria (Congo)*, Ocean Sur, La Habana, 2009.

KAROL, KEWES S.: *Guerrillas in Power*, Hill and Wang, Nueva York, 1970.

KENNEDY, ROBERT F.: *Thirteen Days: A Memoir of the Cuban Missile Crisis*, Penguin Books, Nueva York, 1969.

MARTÍ, JOSÉ: *Obras Completas*, Editorial Lex, La Habana, 1947.

PÉREZ RIVERO, ROBERTO Y ABREU CARDET, JOSÉ: *Cierra... Viene el derrumbe*, Editorial Oriente, Santiago de Cuba, 2013.

PÉREZ VILLANUEVA, OMAR EVERLENY Y VIDAL ALEJANDRO, PAVEL: *Miradas a la economía cubana: El proceso de actualización*, Editorial Caminos, La Habana, 2012.

PRIETO, ALBERTO: *La burguesía contemporánea en América Latina*, Editorial de Ciencias Sociales, La Habana, 1983.

__________: *Los movimientos de liberación contemporáneos en América Latina*, Editorial de Ciencias Sociales, La Habana, 1985.

__________: *Ideología, Economía y Política en América Latina: siglos XIX y XX*, Editorial de Ciencias Sociales, La Habana, 2005.

__________: *Las guerrillas contemporáneas en América Latina*, Ocean Sur, La Habana, 2007.

________: *Evolución de América Latina Contemporánea (1959-2009)*, Editorial de Ciencias Sociales, La Habana, 2009.

________: *Procesos Revolucionarios en América Latina*, Ocean Sur, La Habana, 2009.

________: *Visión íntegra de América*, 3 tomos, Ocean Sur, La Habana, 2013.

RISQUET, JORGE; RAMÍREZ, FERNANDO Y GLEIJESES, PIERO: *Cuba y África: Historia común de lucha y sangre*, Editorial de Ciencias Sociales, La Habana, 2008.

SÁNCHEZ OTERO, GERMÁN: *Hugo Chávez y la resurrección de un pueblo*, Editorial de Ciencias Sociales, La Habana, 2014.

SANDINO, AUGUSTO CÉSAR: *El pensamiento vivo de Sandino*, Editorial Casa de las Américas, La Habana, 1980.

SOTO, LEONEL: *La Revolución del 33*, 3 tomos, Editorial de Ciencias Sociales, La Habana, 1979.

SZULC, TAD: *Fidel, un retrato crítico*, Ediciones Grijalbo S.A., Barcelona, 1987.

TAIBO II, PACO IGNACIO: *Tony Guiteras, un hombre guapo*, Editorial de Ciencias Sociales, La Habana, 2009.

THOMAS, HUGH: *Cuba or the Pursuit of Freedom*, Eyre and Spottiswoode, Londres, 1971.

VALDÉS SÁNCHEZ, SERVANDO: *Cuba y el hegemonismo militar de Estados Unidos*, Editorial Oriente, Santiago de Cuba, 2015.

VÁZQUEZ GARCÍA, HUMBERTO: *La expedición de Cayo Confites*, Editorial Oriente, Santiago de Cuba, 2012.

ALBERTO PRIETO ROZOS (1939) es Doctor en Ciencias, presidente de las cátedras Benito Juárez (México) y Manuel Galich (Guatemala) de la Universidad de La Habana, miembro de número de la Academia de la Historia de la República de Cuba y presidente del Tribunal Permanente Nacional de Ciencias Políticas. Ha brindado conferencias y cursos en países como Alemania, Nicaragua, México, Estados Unidos, Francia, Ecuador y Guatemala.

Por su excelente desempeño en la Educación Superior ha recibido las condecoraciones Por la Educación Cubana, Rafael María de Mendive y José Tey. El Consejo de Estado le ha otorgado las órdenes Frank País —por su ejemplar actividad docente— y Carlos J. Finlay —máximo reconocimiento que se otorga en el campo de la Investigación Científica—. En Francia, recibió la medalla conmemorativa Aniversario de la Fundación de La Sorbona (París IV). En la Universidad de La Habana le fue otorgada la medalla 280 Aniversario de su fundación.

Es autor, entre otros muchos títulos, de Las civilizaciones precolombinas y sus conquistas, El Movimiento de Liberación Contemporáneo en América Latina, Centroamérica en Revolución. Ha publicado con la Editorial Ocean Sur los títulos: Las guerrillas contemporáneas en América Latina, Procesos revcolucionarios en América Latina y Visión íntegra de América (tres tomos).

Seven Stories Press
Jon Gilbert
140 Watts Street
US-NY, 10013
US
https://www.sevenstories.com
on@sevenstories.com
510-306-6987

The authorized representative in the EU for product safety and compliance is

Easy Access System Europe
Teemu Kontttinen
Mustamäe tee 50
ECZ, 10621
EE
https://easproject.com
gpsr.requests@easproject.com
358 40 500 3575

ISBN: 9781925317282
Release ID: 156241387

www.ingramcontent.com/pod-product-compliance
Lightning Source LLC
LaVergne TN
LVHW051016080826
845145LV00009B/2658

* 9 7 8 1 9 2 5 3 1 7 2 8 2 *